U0898670

中国旅游蓝皮书系列

中国休闲度假大会蓝皮书

（2020）

ZHONGGUOXIUXIANDUJIADAHUILANPISHU

中国旅游协会休闲度假分会◎主编

中国旅游出版社

目 录

蓝皮书

致辞篇 02

在 2020 中国休闲度假大会开幕式上的致辞

四川省遂宁市市委书记　邵革军

（2020 年 9 月 23 日）

尊敬的段强会长、保华主席、琪伟局长，

尊敬的玉川部长、全生参事、一力局长，

尊敬的各位领导、各位来宾，

女士们、先生们、朋友们：

大家上午好！今天，我们相约碧波荡漾的涪江之畔，共同迎来 2020 中国休闲度假大会的盛大开幕，共同分享遂宁悠闲生活的精彩时刻，共同展望休闲度假旅游的美好前景。在此，我谨代表中共遂宁市委、市人大、市政府、市政协，以及 370 万热情好客的遂宁人民，向与会的各位领导、各位来宾表示热烈的欢迎，向大家长期以来对遂宁发展的关心支持表示衷心的感谢！

遂宁地处涪江中游，位于成渝之心，在浩瀚的历史长河中，孕育出优美的自然山水，传承了璀璨悠久的历史文化，演奏着蓬勃发展的精彩乐章。近年来，遂宁在习近平新时代中国特色社会主义思想的指引下，认真贯彻中央、省委关于旅游业发展的各项决策部署，立足遂宁优势，做好山水文章，丰富文化内涵，构建最亮丽的风景线，培育最浓郁的乡愁源，加快建设休闲度假一线城市。遂宁圣莲岛世界荷花博览园、中国死海、龙凤古镇、九莲洲湿地公园、市文化中心成为主客共享的城市休闲新地标，城市光彩工程、观音湖夜游、仁里古镇商业街加快搭建夜间休闲消费新场景，新年音乐会、街头文化艺术节、国际马拉松、中国龙舟赛积极引领城市休闲新风尚，浪漫地中海、丝路奇幻城、圣平岛国际旅游度假区开发建设拓展休闲度假新空间。遂宁宜居宜业宜游的城市魅力日益彰显，先后荣获中国十佳宜居城市、中国最美养生休闲旅游城市、全国文明城市、国家卫生城市等20余张城市名片。今天的遂宁，已成为人们远离喧嚣、回归自然，品味乡愁、心灵度假的最佳选择地。

涪江两岸好风光，休闲胜地觅知音。今天，我们因“休闲”相聚，也必将因“休闲”相知、相悉、相交。我们衷心希望各位领导、各位专家积极为遂宁休闲产业高质量发展把脉支招、建言献策；我们真诚欢迎广大投资商、旅行商深入考察遂宁、投资建设遂宁，共享休闲度假旅游发展红利；我们诚挚邀请各界朋友更多地走进遂宁、品读遂宁、宣传遂宁，让遂宁的风土人情、休闲产品成为广大游客的深情向往；我们热忱期盼各位领导、各位嘉宾一如既往地关心支持遂宁，多到遂宁考察指导休闲度假、观光旅游。我们将以此次大会为契机，充分学习借鉴先进地区的成功经验，积极转化运用各位领导、专家、来宾的宝贵意见，努力把遂宁打造成为休闲度假一线城市的样板和典范。

最后，预祝2020中国休闲度假大会圆满成功！祝各位领导、各位嘉宾万事如意、遂心康宁！

谢谢大家！

在 2020 中国休闲度假大会开幕式上的致辞

中国旅游协会会长　段强

（2020 年 9 月 23 日）

尊敬的邵局长、尊敬的崔主席、尊敬的邵书记：

各位领导、各位来宾：

很高兴与各位朋友在“观音故里、养心福地”的四川遂宁，共同参加 2020 中国休闲度假大会。首先，作为本次大会的主办方，请允许我代表中国旅游协会，对出席大会的各位嘉宾表示热烈的欢迎；对各位嘉宾一直以来对中国旅游协会的关注和支持，表示衷心的感谢！

2020 年的新冠肺炎疫情是百年来全球发生的最严重的传染病大流行，是中华人民共和国成立以来我国遭遇的传播速度最快、感染范围最广、防控难度最大的重大突发公共卫生事件。新冠肺炎疫情的暴发给包括旅游业在内的全球经济社会发展造成了前所未有的挑战。以习近平同志为核心的党中央带领全国人民，经过八个多月的顽强奋战，取得了疫情防控的人民战争、总体战、阻击战的决定胜利。与此同时，党中央统筹推进疫情防控和经济社会发展工作，抓紧恢复生产生活秩序，取得了显著成效。这也为我国旅游业在全球范围内率先恢复与振兴创造了十分有利的条件。

各位来宾、各位朋友，休闲度假是人民群众对美好生活的新期待。休闲度假作为人民群众美好生活的重要组成部分，正在从中国老百姓的“调味盐”，变成日常生活的“刚需”。旅游业要满足人民群众对美好生活的新期待，就需要大力推动休闲度假的发展。休闲度假是中国旅游业未来发展的重要方向。发展休闲度假产业有利于丰富中国旅游业的类型，有利于增加中国旅游业的效益，有利于提高中国旅游业的整体竞争力，是实现中国旅游业高质量发展的必由之路。新冠肺炎疫情在对全球旅游业造成巨大冲击的同时，也为以休闲度假为代表的旅游新业态、新产品的跨越发展和创新变革提供了难得的机遇。与此同时，休闲度假作为高频次、低密度的消费模式，正在成为疫情之下旅游业发展的“定心丸”和“基本盘”，也将成为未来一段时间旅游业转型的“引爆点”和“先行者”，并将在未来中国以国内大循环为主体、国内国际双循环相互促进的新发展格局中发挥更大的作用。

各位来宾、各位朋友，中国旅游协会一直高度重视休闲度假产业的发展，并把推动休闲度假产业发展作为后疫情时代促进中国旅游业转型发展的重要方向。未来一段时期，我们将致力于扩大休闲度假消费市场、优化休闲度假产品、完善休闲度假服务，并推动一批竞争力强的市场主体脱颖而出，推动更多休闲度假城市持续健康发展。我们希望和社会各界开展广泛的交流和深入的合作，为中国旅游业的复苏和发展共同努力。

最后，预祝本次中国休闲度假大会取得圆满成功。

谢谢大家！

在 2020 中国休闲度假大会开幕式上的致辞

四川省政协党组副书记、副主席　崔保华

（2020 年 9 月 23 日）

尊敬的段强会长、琪伟局长、玉川部长、全生参事、一力局长，

尊敬的各位领导、各位专家、各位来宾，女士们、先生们、朋友们：

大家上午好！

很高兴与大家相聚美丽遂宁，共同见证 2020 中国休闲度假大会召开。借此机会，谨向一直以来关心支持四川各项事业发展的各位领导、各位来宾表示诚挚的欢迎和衷心的感谢！向大会的成功举办表示热烈的祝贺！

党的十八大以来，习近平总书记就文化和旅游融合发展发表了一系列重要论述、作出了系列战略部署。四川是全国的文化旅游大省，文旅资源丰厚、产业优势明显。省委、省政府坚持以习近平新时代中国特色社会主义思想为指导，深入贯彻习近平总书记对四川工作系列重要指示精神，大力推动文化旅游融合发展，将文化和旅游产业作为全省“4+6”现代服务业体系的四大支柱之一，不断完善“一核五带”文旅发展布局。2019 年，省委、省政府召开高规格的文化和旅游发展大会，加快推动文化强省、旅游强省建设，去年全年共接待国内旅游人数 7.51 亿人次，实现旅游总收入 1.16 万亿元。

今年以来，受新冠肺炎疫情影响，文化和旅游行业受到巨大冲击，推动文化旅游业高质量发展任务紧迫而艰巨。随着旅游消费需求进一步释放，文化旅游产业正从观光旅游向休闲度假旅游转变，以消费者新需求、新期望为主的文化旅游生态圈加速发展。今年年初，习近平总书记在中央财经委员会第六次会议上强调，要推动成渝地区双城经济圈建设，在西部形成高质量发展的重要增

长极。这是习近平总书记亲自谋划、亲自部署、亲自推动的国家重大区域发展战略。四川省委全面贯彻落实习近平总书记关于推动成渝地区双城经济圈建设的重要讲话精神和中央决策部署，召开了省委十一届七次全会，审议通过了《中共四川省委关于深入贯彻习近平总书记重要讲话精神 加快推动成渝地区双城经济圈建设的决定》。遂宁市作为成渝地区双城经济圈和成都平原城市群的重要组成部分，区位优势独特、历史文化厚重、生态环境优美，是巴蜀文化旅游走廊的重要节点。希望遂宁市充分发挥比较优势，紧紧围绕省委赋予的“联动成渝的重要门户枢纽和成渝发展主轴绿色经济强市”目标定位，加快推动休闲度假产业高质量发展，着力建设中国休闲度假一线城市和巴蜀文化旅游走廊游客集散地。希望本次大会充分发挥平台优势，聚焦常态化疫情防控新形势和休闲度假产业发展新态势，积极推进区域合作、行业合作和企业合作，进一步激发文化旅游融合发展新动能。希望广大文旅企业、行业商协会抢抓成渝地区双城经济圈建设等重大战略机遇，积极参与巴蜀文旅产业带建设，在唱好“双城记”、建好“经济圈”中打好休闲度假“旅游牌”，在成渝携手打造世界文化旅游目的地中贡献更大力量。

最后，预祝 2020 中国休闲度假大会圆满成功！国庆、中秋双节将至，祝各位领导和嘉宾节日快乐、身体健康、工作顺利、阖家幸福！

谢谢大家！

在2020中国休闲度假大会开幕式上的致辞

国际山地旅游联盟副主席　邵琪伟

（2020年9月23日）

尊敬的段强会长、崔保华副主席、邵革军书记、邹玉川部长、杜一力局长、魏小安会长、陈全生参事、李宝春秘书长，

女士们、先生们，朋友们：

上午好！

很高兴应中国旅游协会邀请，参加由中国旅游协会、全国休闲标准化技术委员会联合主办的“2020中国休闲度假大会”。我代表国际山地旅游联盟和我本人，对大会的召开表示热烈祝贺！

我们都知道，这一场新冠肺炎疫情，对中国和全球旅游业的冲击，是前所未有的。9月5日在北京“2020中国文化和旅游融合发展论坛”上的演讲中，我用若干组数据说明了中国和全球旅游业受到的损失，是自1950年有记录以来最为严重的，并对“十四五”中国旅游业发展提了几点建议，供有关方面参考。有关数据今天许多演讲嘉宾将会谈到，这里我就省略了。

本次大会将探索、研究并开启疫情防控常态化背景下的休闲度假旅游和休闲度假产业，全面推动中国旅游业恢复振兴的理论新思考和实践新探索，这是具有非常重大的现实意义的。将有助于适时重启和恢复发展旅游业，推动各个国家和地区特别是中国各地经济的复苏。

借今天这个机会，我讲三点思考和建议：

（1）在经历新冠肺炎疫情洗礼之后，全球和中国旅游业界及相关行业、部门，除了采取各种政策和措施推动旅游业复苏之外，对旅游业今后5至10年

的发展，在新的形势、新的背景下，应超前研究、超前布局，着力探讨新思路、探索新路径、创造新动能、迎接新挑战、抓住新机遇。这是推动全球和中国旅游业恢复振兴必须抓紧做的事，也是恢复和发展休闲度假产业必须抓紧做的事。

（2）将休闲度假产业与大健康产业的发展紧密结合起来。这场新冠肺炎疫情正在改变人类的生命观、健康观、养生观和旅游观。生命至上，健康至上。健康将大大超过人们对物质享受的追求。这就对休闲度假和大健康产业的发展，提出了新需求、新课题。国务院办公厅近日印发了《关于以新业态新模式引领新型消费加快发展的意见》，这对推动旅游业包括休闲度假旅游，促进新型消费起到非常积极的作用。我认为，今后 5 至 10 年，应大力促进休闲旅游、度假旅游、健康旅游、医疗旅游、体育旅游、休闲农业、山地旅游、乡村旅游等，并与养生、养老、亲子、游学等有机结合起来。要加快催生新产品、新业态、新服务、新模式和新制度。讲到休闲、度假、旅游的制度创新，我有一些不成熟的想法，建议在长假制度（黄金周）、带薪休假制度的基础上，及时完善和超前研究：弹性工作制、每周四天工作制、居家工作制、流动工作制等。从国家“十四五”规划开始，将之列入重点研究课题，并逐步形成政策、制度乃至法律法规，以不断满足人民日益增长的美好生活需要。建议本次大会以及相关部门和相关业界，将此作为重点课题加以研究，及时列入发展规划，特别是各地的“十四五”发展规划。

（3）高度重视运用现代科技成果提高休闲度假产业的品质和质量。习近平总书记日前在科学家座谈会上的重要讲话，将推动我国科学技术创新迈入一个新的时期。可以预计，在今后一段时期内，我国将有大量的先进科学技术成果涌现，投入并服务于经济社会各行各业的发展。包括休闲度假和大健康产业在内，旅游业更多的是运用现代科学技术的成果，来提高其发展水平和发展质量。因此，我们应积极并自觉地推进以“互联网 +”、“人工智能 +”、5G 应用等为标志的新技术应用，全面推行智慧旅游、数字旅游，为游客提供更安全、更便利和更精准的服务。从休闲度假、健康养生的景区景点、住宿设施、游览设施、各类服务设施，尤其是为老年人、残疾人服务的设施规划设计、产品体验、客户服务和营运监管等方面，都应该超前规划，全面运用科技成果，以达到新时期满足广大人民群众不断增长的休闲度假和健康养生的需求。

如今，以距离近、时间短、慢体验、轻松游为特点休闲旅游，已成为世界旅游发展新潮流、新时尚。与一般的观光旅游不同，休闲旅游更加强调舒适性、体验性、健康性。作为一种新型业态，休闲旅游已成为第三产业的核心载体和世界旅游价值链的高端形态。本次大会以“休闲：美好生活新选择”为主题，完全符合广大人民群众及旅游爱好者对体验性、健康性旅游生活的期盼。是民之所需、民之所向，势必对促进经济、启动市场、拉动消费起到积极的作用。

遂宁是成渝地区双城经济圈的中心节点城市，也是历史悠久的文化之城，更是新兴的休闲度假城市。我衷心地希望，“遂宁生活”能够通过本次大会，成为一份“倡导新型休闲度假生活方式，提升全民美好生活质量”的样本，为全行业树立“持续推动休闲成为人民群众美好生活的新选择，为中国经济社会发展做出更大贡献”的标杆！

最后，预祝本次大会取得圆满成功！祝遂宁如同荷花更加鲜艳美丽！

谢谢大家。

在 2020 中国休闲度假大会开幕式上的致辞

世界旅游城市联合会常务副秘书长　李宝春

（2020 年 9 月 23 日）

尊敬的崔保华主席、邵革军书记、段强会长、邵琪伟副主席，女士们、先生们：

大家上午好！

很荣幸来到美丽的四川遂宁，参加此次 2020 中国休闲度假大会。作为大会的支持单位，我代表世界旅游城市联合会对大会的成功举办表示热烈的祝贺！

世界旅游城市联合会是世界上第一个以旅游城市为主体的全球性国际旅游组织，现有会员 223 个，覆盖全球 75 个国家和地区及世界旅游全产业链。同时联合会设有 6 个分支机构、会员总计 600 余个。目前联合会城市会员共有 148 个，其中国际城市会员 122 个，几乎涵盖了所有世界知名旅游城市。世界旅游城市联合会秉承“旅游让城市生活更美好”的核心理念，致力于推动世界旅游的合作与发展。本月 5 日，联合会在“2020 年中国国际服务贸易交易会”期间举办了世界旅游合作与发展大会。作为本届服贸会 190 余场会议中的四大高峰论坛之一。大会以“重启旅游 再创繁荣”为主题，旨在通过加强多边合作，提振世界旅游业发展的信心。文化和旅游部部长胡和平以及国际组织负责人、驻华使节、联合会会员代表等 30 余位领导和 600 余位业界代表出席此次会议。本次会议邀请到联合国世界旅游组织（UNWTO）作为合作伙伴；伦敦展会、柏林展会两家顶级展商，8 个国际组织和机构作为协办单位，充分体现出推动旅游复苏是世界旅游业界共同的期盼。

旅游业是极富韧性的综合性产业。此次疫情没有改变人们对旅游的热爱，反而催生了旅游新模式、新需求。休闲度假产业应借此时机，提升人们对休闲旅游的认知和意识、激发市场活力。此次疫情也使旅游投资的方向发生了转变，不断上升的休闲游市场需求必将带来新一轮的资本投入、资源整合以及方式升级，从而使休闲度假产业进入前所未有的变革和升级阶段。

尽管在中国旅游消费构成中，休闲度假占整个旅游的比重仅为20%左右，远低于旅游发达国家50%左右的比重，但中国休闲经济已具备了相当规模，且呈现出了蓬勃发展的势头。随着中国经济的增长，人们收入的提高以及带薪假期意识提高，越来越多的游客已不满足于传统旅游方式，旅游目的也从传统的“出去看看”转向通过旅游放松身心、陶冶情趣。中国人通过消费享受休闲的时代正在到来，也正在成为一种趋势。

遂宁市是成渝地区双城经济圈的中心节点城市，也是历史悠久的“文化之城”和优美自然风光的“宜居之城”。我相信，作为疫情以来全国首个以休闲度假为主题的行业盛会，此次大会将会是一场多姿多彩的文化盛会和特色凸显的休闲度假行业大会。

国家主席习近平22日在第七十五届联合国大会一般性辩论上发表的重要讲话中强调，“要推动疫情后世界经济‘绿色复苏’”。旅游是综合性的绿色产业，有很强的带动性，大力发展旅游业，特别是推动休闲度假产业的发展恰逢其时。结合新冠疫情常态化的大背景，以“休闲：美好生活新选择”为主题召开的此次大会，必将为休闲旅游度假产业的振兴提供权威指导意见，为中国休闲度假产业发展注入全新能量，推动休闲度假产业跨越式发展。

最后，预祝此次大会圆满成功！

谢谢大家！

在2020中国休闲度假大会开幕式上的致辞

文化和旅游部资源开发司资源利用处二级调研员　张夕宽

（2020年9月23日）

尊敬的原国家旅游局邵琪伟局长、杜一力副局长、尊敬的段强会长、尊敬的崔保华副主席、尊敬的邵革军书记，在场的各位领导、各位前辈、各位同人、各位朋友：

大家上午好！

休闲是美好生活的重要内容，2000多年前被誉为“休闲之父”的亚里士多德就曾经说过：“休闲是一切事务的中心，只有休闲的人是幸福的。”中国古人也追求读万卷书、行万里路的美好境界，这其中旅游休闲必不可少。旅游休闲不仅是放松身心、开阔视野的重要方式，也是我们获取知识，实现自我的重要途径。随着大众旅游时代的到来，旅游休闲已经成为衡量人民生活水平的重要标志。今天，2020中国休闲度假大会在休闲氛围浓郁的四川省遂宁市召开，与会嘉宾借助大会的平台共享休闲度假的新理念，引领旅游消费的新时尚，共同推动休闲度假产业的新发展。这对旅游业的恢复振兴，对于市场信心的恢复具有重要的意义。受领导委托，我谨代表文化和旅游部资源开发司对各位领导和嘉宾的到来表示欢迎，对大会的召开表示祝贺！

对旅游业来说，2020年是不平凡的一年。一个以人员流动为基础的行业，从疫情防控的大局出发，将控流量、防聚集作为我们重要的任务，整个行业遭受了巨大的损失。在党中央的坚强领导下，我们取得了疫情防控的伟大胜利，但疫情对这个行业的影响还没有停止。据世界卫生组织统计，2003年“非典”疫情全球感染人数是8000多人，死亡774人，对全球经济影响超过500亿美元。2015 年韩国中东呼吸综合征疫情，感染人数 200 人，死亡 30 多人，但对韩国经济的影响超过了 85 亿美元。今天新冠肺炎的疫情在全球还在持续发展，全球累计感染病例已经超过 3000 万，死亡病例接近 100 万。所以疫情对世界经济和旅游业的影响，我们还无法精准估计，但是有一点是肯定的，也是各位嘉宾所指出的，旅游业是韧性很强的行业，在历次的灾难中旅游业可能会受到摧残但是从来没有遭到摧毁。

纵观当前，高质量发展已经成为旅游业唱响的主旋律，今天召开的中国休闲度假大会也紧跟着行业发展的形式，将后疫情时代旅游业休闲度假高质量发展作为大会主题。纵观未来，我们也看到人民将更加注重公共卫生环境、旅游景区的限量、预约、错峰将成为旅游业基础性要求，大空间、重体验、慢生活的休闲度假旅游必将成为更多民众的选择。从这个意义上说，2020 年也是旅游业涅槃重生的一年，旅游业高质量发展的新时代正加速到来。

文化和旅游部按照党中央和国务院的要求，出政策、定标准、推产品，拓展旅游消费、休闲消费的空间，提升旅游消费的环境。在全域旅游理念的引导下，社会资源和生产要素将进一步优化配置，区域空间将更加宜居宜游，更多的公共生活和休闲资源将实现主客共享。文化、体育、生态、工业、农业、特色乡村和城镇，这些旅游休闲的业态将不断创新，旅游休闲度假产业的发展空间将得到极大的拓展。我们将进一步按照党中央和国务院的部署要求，更好顺应新时代文化和旅游高质量发展的大势，持续深入推动休闲度假产业发展，为人民群众推出更多更丰富的休闲度假产品，营造更加优质的消费环境。

衷心希望与会的各位专家、学者，业界的朋友们，紧扣大会的主题深入讨论，积极为休闲度假产业的创新发展建言，为旅游业的高质量发展献策。国庆节、中秋节假期即将到来，希望业界各位朋友提前谋划部署，持续推动旅游景区的预约制度，加强限量错峰管理，倡导厉行节约的旅游消费新风尚，落实反对餐饮浪费的各项要求，用我们的实际行动更好地服务于广大人民群众的旅游消费需求。

最后祝本届大会圆满成功，祝各位嘉宾身体安康！

谢谢大家。

在2020中国休闲度假大会开幕式上的致辞

四川省文化和旅游厅党组成员、副厅长　游勇

（2020年9月23日）

尊敬的段强会长、崔保华副主席、邵琪伟副主席，邹玉川部长、陈全生参事，杜一力局长，各位领导、各位来宾，女士们，先生们：

大家上午好！

值此2020中国休闲度假大会隆重召开之际，我谨代表四川省文化和旅游厅，向大会的成功召开表示热烈的祝贺！向长期以来关心支持四川文化旅游发展的各位领导和各位来宾表示衷心的感谢！

四川是文化和旅游大省。习近平总书记来川视察时强调，要充分绽放四川独特的自然生态之美、多彩的人文之韵，谱写美丽中国的四川篇章。习近平总书记的重要指示，是四川文化和旅游发展的根本遵循。

四川省委、省政府高度重视文化旅游产业发展，把建设文化强省、旅游强省与"治蜀兴川大战略"统筹部署、统筹推动，全省文旅产业保持了持续、健康、快速的良好发展态势。2018年，四川旅游收入迈上万亿台阶。2019年，实现旅游总收入11594.32亿元。

今年以来，新冠肺炎疫情带来了巨大的影响和冲击。在省委、省政府的坚强领导，以及文化和旅游部的关心指导下，我省统筹抓好疫情防控和文化旅游复工复产，出台了扶持政策，帮助文旅企业纾困解难，激发了市场活力和文旅消费，文旅经济实现了率先复苏。1~8月，全省旅游实现收入3780.83亿元，综合排名位于携程推出的"跨省游出发省市人气排行榜"第一名。

遂宁作为我省文化旅游融合发展的重点区域，多年来文旅产业发展秉持

“敢为人先、无中生有”的创新勇气，成功打造出中国死海、世界荷花博览园等知名的休闲文旅品牌，构建起“养心遂宁”的休闲度假氛围。今天，高规格地举办 2020 中国休闲度假大会，必将为新时期全国休闲度假旅游高质量发展，提供新理论、指出新方向、谋划新路径。

借本次大会契机，为共谋文化旅游的大发展，我们建议：一是进一步发挥好本次大会的会议成果，加快行业标准研究和制定，融入“十四五”和各级规划，推动文旅产业、休闲度假产业迈上新的台阶；二是深化休闲度假产业区域交流合作，积极推动各类休闲度假联盟、合作平台、合作机制的建设，增进共识、分享经验、实现共赢；三是加强试点示范建设，支持四川包括遂宁建设“休闲度假一线城市”“休闲度假省”以及“巴蜀文化旅游走廊休闲度假带”等品牌建设，为全国探索模式经验。

各位领导、各位来宾、女士们、先生们:“天府三九大，安逸走四川。”开放包容的四川热忱欢迎您来居家兴业、休闲度假，共享美好生活，共享美好旅游！

再次预祝本次大会取得圆满成功！

谢谢大家！

蓝皮书

演讲篇 02

新冠疫情重创下的宏观经济形势与对策研究

国务院参事室特约研究员、原国务院参事　陈全生

谢谢大家，让我来做经济形势的分析，我的题目是《新冠疫情重创下的宏观经济形势与对策研究》。刚才听了几位领导的致辞，我所讲的可能稍微有一点冲突，但是不要紧，只是一家之言。

开讲前我有三点声明，第一是仁者见仁，智者见智，一孔之见供大家参考。第二是所谈所议仅代表我个人，不代表任何单位和机构。第三是所谈思想观点正确的是吸取他人智慧之心得，错误的则属个人才疏学浅，由我个人负责，与所在机关单位无关。

新冠疫情重创中国经济，我认为有三重冲击：一是对人们心理和生理的冲击；二是对世界经济和中国经济的冲击；三是对供给和市场的双重冲击。三个“双重”叠加交互作用，把正在下行的中国经济狠狠向下推了一把，犹如雪上加霜，经济增长陡降。2003 年 SARS 暴发，我国第一季度 GDP 和第二季度只差一个百分点。2008 年美国次贷危机引起的世界经济危机，我国 2009 年一季度 GDP 比上年年底下降了 3.3 个百分点，而这次疫情暴发后我国 2020 年第一季度 GDP 比去年年底下降了 12.9 个百分点。今年一季度各行业 GDP 的增长，也就是各个行业的增加值，只有两个行业正增长，第一是信息软件行业增长 13.2%，而这个行业近几年是一直在增长的，第二就是金融业增长 6.0%，剩下的所有行业全部是负增长。什么叫重创？这就叫重创。

再看我们拉动经济的三驾马车：投资、消费、出口。70 年来我国社会消费品零售总额只出现过两次负增长。第一次是 1961 年 –12.8%，1962 年 –0.6%，这算一次，因为这两年正是三年自然灾害时期；第二次是 1968 年 –4.3%。可

现在是 -12.5%，由此大家可以看到此次疫情给我们经济带来了什么样的重创。

此次疫情对中国经济和世界经济都造成了重创，我们可以在网上实时查阅到《世界疫情实时大数据报告》，报告中颜色越深的区域感染的病例人数越多。可以在图中清晰地看到疫情的蔓延对中国的重创还有对世界的重创。中国在疫情防控方面是做得最好的，为什么是最好的呢？从报告上看，目前中国很多区域已经是白色，而全球其他国家确诊病例还在大幅度地增长。“坚定信心、同舟共济、科学防治、精准施策；集中信息、集中专家、集中资源、集中救治；早发现、早报告、早隔离、早治疗”，我们已经总结出了一套行之有效的疫情防控政策和方法，所以说中国对新冠疫情的控制在全世界是最好的。

从国内外新增病例报告中我们可以看出，我国目前只有零星新增病例产生，而国外疫情还在大范围蔓延。实践证明党中央、国务院对疫情形势的判断是准确的，工作部署是及时的，采取的措施是有力的，取得的成效是显著的。

对疫情我个人想说三句话：一是在特效药和疫苗没有研制出来之前，不要轻易地说“战胜”；二是在核酸检测没有普查之前，不要轻易地说“可控”；三是在发展中国家还没有走出去之前，我们是“走不出去”的。我们一定要深刻认识到这一点，因为我们对疫情的控制是举国体制、行政手段、社会组织、封城封路，阻断了病毒的传播途径。但是对病毒的灭杀，我们仍然束手无策，所以还是要高度警惕，内防反弹，外防输入。

对于新冠疫情我们已经取得了很好的控制，所以经济形势可谓一枝独秀。国际评级机构惠誉评级于 9 月 7 日更新了《全球经济展望》报告，预计 2020 年全球 GDP 下降 4.4%，较 6 月预测的下降 4.6% 略有上调。惠誉认为，中国将会是 G20 国家中唯一一个 2020 年 GDP 将增长的国家，并上调中国今年经济增速至 2.7%，同时，预计明年中国经济正增长 7.7%。惠誉认为，在全球经济普遍负增长的情况下，中国当前的经济可谓是“一枝独秀”。

同时国际货币基金组织在今年 6 月发布的《世界经济展望》中预测，2020 年全球经济增长是 -4.9%，发达经济体增长是 -8%，新兴市场和发展中经济体增长是 -3%。从国家层面看，美国 -8%，德国 -7.8%，意大利、西班

牙 –12.8%，日本 –5.8% 等，全是负增长，只有中国是 1.0%。

同月世界银行发布的《全球经济展望》比国际货币基金组织预测的数据更悲观，展望中预计 2020 年全球 GDP 将收缩 5.2%，这将使数百万人在今年陷入极度贫困。而东亚太平洋地区将有 0.5% 的增长，这个增长实际上主要是靠中国带动的。何谓中国经济的回升？我们看到 2020 年中国一季度经济增长是 –6.8%，而二季度为 –1.6%，提升了 5.2 个百分点。

中国是如何迅速提高增长的呢？主要依靠拉动经济的三驾马车带动。首先看投资，2008—2020 全国固定资产投资增长（累计）统计数据显示：2020 年投资虽然持续负增长，一季度 –16.1%，上半年 –3.1%，1—8 月虽然仍为 –0.3%，但跃升很快，6 个月的时间提升了 24.2 个百分点，很快就由负为正了。第二看消费，消费也在往上涨，但目前还并不太让人满意，2020 年 1—8 月社会消费总额还是 –8.6%，和去年的增长 8% 还有 17 个百分点左右的距离，但总体也是在增长。第三看进出口，进出口其实问题不是太大，进出口对我国经济的影响已经降低了。特别是采购经理指数（PMI）数据也不错，PMI 数值通常以 50% 作为经济强弱的分界点，设定为荣枯指数线，这条线之上为经济“繁荣”，这条线以下为经济“枯萎”。我们这条线长期不好，到今年 2 月份一下降到了 –28.7% 了，然后又一下上去了，所以进出口还是可以的。但是我想说这只是近期看，长远看我们出口不乐观，为什么？2004—2019 年中国出口国别（地区）总值（亿美元）统计数据显示：目前对美国、中国香港、韩国、日本，4 个国家或地区出口总值均超过了 1000 亿美元，占我国出口总额 40% 左右。但我国对美国 2019 年比 2018 年出口总值下降了 600 多亿美元，这是什么概念？中国对俄罗斯的全部出口才 500 多亿美元。香港也是如此，2013 年出口总值为 3845 亿美元，而到了 2019 年已经降为 2789 亿美元。所以 2020 年中国对外出口形势依然非常严峻。

除了出口之外，利用外资方面，从 1999—2019 年中国实际利用外资额和利用中国香港外资额占全部外资额的比重数据可以看出，状况也不是太好。以目前的状况看引进外资也会出现问题，所以从长期来看，我国出口和利用外资都面临不小的挑战。

从不同所有制企业进出口所带来的逆顺差来看，2019 年我国私营企业创造了 6000 亿美元的顺差，国有企业创造了 3000 亿美元的逆差，全国合计有 4129 亿美元的顺差。也就是说私营企业、外资和其他企业加在一起，减去国有企业的逆差，得出来的顺差是 4000 亿美元左右。在目前如此激烈的出口竞争环境下，民营企业出口的趋势也不是很好。

在这种背景下，习近平总书记提出“要推动形成以国内大循环为主体，国内国际双循环相互促进的新发展格局”。国内大循环为主体，从地域上说，肯定不如国际循环“大”。但从国内循环的统一程度和流畅程度来看，还真不能说“大”，国内还存在不少的“中循环”“小循环”，阻碍着全国范围的“大循环”。如地方存在的保护主义，限制了全国范围内的经济“大循环”；行政垄断和行业垄断，限制了部门和行业之间的“大循环”；对民营企业的所有制歧视，限制了不同所有制之间的“大循环”，等等。所以 2020 年 3 月 30 日，中共中央国务院出台了《关于构建更加完善的要素市场化配置体制机制的意见》，就是要建议统一开放竞争有序的市场体系，深化要素市场化配置改革，促进要素自主有序流动，提高要素配置效率。

比如户籍制度就阻碍了劳动力流动。2019 年，户籍城镇化率 44.38%，常住人口城市化率 60.6%，相差 16.22 个点，按 14 亿人计算，有 2.3 亿人。2019 年农民工有 2.9 亿，数以亿计的春运大军，于经济建设、交通道路及疾病防疫等十分不利。还有代际传承的问题，农民的孩子难道永远是农民？此外农村土地不能流转，拉大了城乡居民收入差距。城市居民家庭财产的 70% 是房产，因大多数人（指体制内企事业单位）买房时不算地价，卖房时要算地价。农村土地是集体的，农民享受不到土地的差价。另外，现在有多少央企、国企从银行取得大量信用额度，然后转贷给民企，从中吃“息差”以获得盈利。银行愿意这样干，因有国资做抵押；央企、国企愿意这样干，因赚得容易；只是苦了民企，其实，央企、国企的财产姓“公”，民企也有一份。资金不能在所有企业中流动，形不成大循环。所以我们要深化改革，这样才能有大循环。

国内大循环为主体，绝不是关起门来封闭运行，而是通过发挥内需潜力，使国内市场与国际市场更好地联通，更好地利用国内国际两个市场、两种资源，实现更加强劲的可持续发展。

要继续扩大开放，把门开得更大，把路修得更宽，把负面清单改得更短。要让已投资中国的外商外企、跨国公司继续安心留在中国；还要继续改善营商环境，保护知识产权，减少准入限制，吸引更多的外资、外商进入中国。

要继续实施“走出去”战略，让中国的企业“勇敢地走出去，努力地走进去，智慧地走上去”。要更多地强调国际惯例、国际规则和国际标准。合法合规经营，履行社会责任。要用“中国特色”搞中国的事情，用“国际规则”搞全球的事情。企业在国外，人家用《国际会计准则》来审计你的企业，不会用国内的《会计法》审计。

要充分利用国内外两种资源和两个市场，搞好双循环。两个市场一定要双循环才行。因为我们“地大物博”被 14 亿人平均后就不能称之为“地大物博了”，如，人均耕地占有是世界人均耕地水平的 1/3，人均水资源占有为世界人均水平的 1/4，铁矿石的对外依存度达 80%，铜矿依存度 70%，石油 70%，铝矾土 60%，天然气 40%，等等。另据海关数据统计，2019 年中国出口鞋子95亿双，帽子117亿顶，伞170亿把，箱包307万吨，还有电脑（平板和便携）2 亿台，彩电 9500 万台，等等。另据中国服装协会数据统计，2019 年中国出口服装 298 亿件。改革开放尤其加入 WTO 后，我们扬人力资源优势之长、避物质资源约束之短，充分利用国内外两种资源和两个市场，使一个一穷二白的国家成长为世界第二大经济体。不论是保持中国经济持续增长，还是保持世界第二大经济体的地位，都要继续利用两种资源和两个市场。这是中国禀赋的资源格局所决定的，也是中国发展的必由之路。

要清醒、冷静、客观研判面临的困难问题。一是疫情在全球快速扩散蔓延，世界经济陷入深度衰退之中，产业链、供应链循环严重受阻，国际贸易和投资萎缩，大宗商品市场动荡。美国对我国全方位打压全面升级，外部环境复杂性、严峻性在上升，企业遭遇前所未有的压力。二是国内消费、投资、出口下滑，就业压力显著加大，企业特别是中小微企业困难凸显，金融等领域风险有所积聚，基层财政收支矛盾加剧。三是政府工作存在不足，形式主义、官僚主义仍较突出，少数干部不作为、不会为。一些领域腐败问题多发。

所以我们到了要客观研判复工复产、调整政策侧重点的时候了。目前，政府支持政策的重点在生产端，主要是降低生产成本。如降电价、气价、网价，减房租，免收公路费等，无疑都是正确的。但是，复工≠复产≠复市，目前需求恢复慢于供给，消费恢复慢于投资，服务业恢复慢于工业。恢复经济常态要给一个很大的推动力，而且需要有一个恢复过程，供给与消费之间相互适应需要有一定的时间，甚至需要有几个反复，才能回归正常。更重要的意义在于，这个反复过程、恢复过程还是经济结构调整的过程。过去结构调整的作用不显著，行政手段用多了，这次是真正的经济手段、市场手段来调整。从上半年工业增加值和社会消费品零售总额的数据看，政府政策支持的侧重点，到了从生产端向消费端转移的时候，要让消费刺激市场，让市场引导企业。在当前，刺激消费比拉动生产更为重要。

从 2011—2020 年工业增加值与社消品零售总额累计增长数据可以看出，消费增长下降得比生产要厉害，1—2 月工业增加值 –13.5%，消费 –20.5%。我们对生产的启动比对市场的启动要好，1—8 月工业增加值 0.4%，但消费为 –8.6%。看来，确实需要把政策支持的侧重点由生产端转到消费端。

因为我们现在的收入不好，政府的收入不好，企业的收入不好，居民的收入不好。从 2009 年到 2019 年国家财政收入和支出状况我们可以看到，2019 年国家财政是 –5.85 万亿，是 10 年来最低点，而今年收入盈余全部是负的，所以今年国家财政想拿出钱支持企业，真的非常困难。从企业数据看，去年全年的利润也是负的，今年还是 –8%，居民收入也是如此，状况都不太好。所以要提高消费没钱不行，没钱怎么提高购买力。还有外汇储备，可以非常清晰地看到 2014 年大约是 4 万亿，现在普遍是 3 万亿。

所以国务院在《政府工作报告》中提出要抓好六稳和六保。六保是今年六稳的着力点，守住六保底线就能稳住经济基本盘，以保促稳，稳中求进，为全面建成小康社会夯实基础。我个人认为六保中保市场主体最为根本，六保包括：保就业、保民生、保市场主体、保产业链供应链安全、保能源粮食安全、保基层运转。我们把保能源粮食安全专题另外再讨论，就剩下五保。这五保只要做到保市场主体、保就业，这五保就全保了。因为保了就业就有了工资，有了工资就有了收入，有了收入就保了民生。企业是生产链、供应链之中的重要一环，这一环不断裂，产业链、供应链就完全可以运转起来。还有就是保基层运转，保基层运转和保企业有什么关系？央企的钱进入中央财政，国企的钱进入省级财政、地级财政，而县级财政的钱绝大部分是民营企业创造的。大量中小企业都在县里，它们创造了县里的财政，只有它们发展才能保基层的财政，才能保政府的正常运转，保基层政府的运转就是保江山、保政权。所以要这样看待保企业的重要意义。

保企业对保就业特别重要。2010—2018 年城镇新增就业和净增就业人数统计数据显示，新增就业人数与净增就业人数两者之间的距离越拉越大，有 500 多万。2019 年新增就业人数 1352 万人，与 2018 年 1361 万人比，新增减少 9 万人，而净增人数则是减少 122 万人。2011—2014 年，净增人数连续 4 年下降，所以，2014 年出台了稳岗补贴政策。2015 年虽有缓升，但之后并没有稳住，仍在减少。所以更科学、更准确地判断就业状况，应该是用今年的就业人数减去上一年的就业人数，得出净增就业。

净增就业是谁创造的？我们通过 2014—2018 年按经济类型分城镇就业净增人数统计可以看到，这 5 年国有单位净增就业全部是负值，外资港澳台企业净增全部是负值，集体股份企业净增全部是负值，城镇有限公司和股份有限公司是正值。

所以我们净增就业全部是私营和个体企业创造的，但现在私营工业企业经营主要经济指标增长都是下降的。据统计，2019 年，制造业、建筑业、批发和零售业、交通运输仓储邮政业、住宿餐饮业五大行业农民工从业人数占农民工总数的比重为 71.9%。

所以要更多地支持中小企业、民营企业。目前，既要给足民营中小企业资金，又不宜大规模增加银行贷款总量。最好的办法是在现有贷款规模和现有资产上打主意，在深化金融改革上做文章，尽可能少地增加银行贷款总量，多途径、多形式、多办法，给民营中小企业增加资金供给。

我对增加民营中小企业资金来源提出九点建议：

（1）暂停一批固定资产投资项目。按 2019 年投资 55 万亿计，暂停 5.5%，就是 3 万亿。将暂停的 3 万亿长期固定资产贷款改为短期流动资金贷款，期限 1 年。暂停项目，可选择产能过剩行业的项目，或低效无效的投资项目。

（2）将地方引导基金挪用为政府贴息。用行政或经济的办法，筹集各地的科技创新引导基金 1500 亿，按 5% 计息，就可用政府贴息方式发放上述 3 万亿贷款。政府本不应将百姓税收投在高投入、高风险、高回报的风险投资项目上。风险投资绝大多数是私人投资，且是风险偏好较高的那些人。

（3）将回报较好的国有不动产项目进行资产证券化。将收益稳定的高铁、高速公路、地下管网、公租房等进行资产证券化，一是把不动产转为动产，二是把动产转为资金。既可解决建设所需巨额资金，又能切实减少银行增发规模。

（4）划转央企、国有上市公司股权利益给财政或社保基金。可用两种方式，一是划央企、国企上市公司的股权红利 1~2 万亿，归财政使用；二是划央企、国企上市公司 5% 股权给社保基金，让劳动部门降“五险一金”更有底气。

（5）充分运用各大保险公司的投保资金。目前保险资金运用余额近 20 万亿元，而投资企业债券余额只有 2.2 万亿元，潜力巨大。可将更多资金用于购买企业中长期债券，特别是电信、交通、新老基建等需要巨额中长期资金的行业。

（6）进行小银行改革试点。引入国外社区小银行经营机制，选择少数业绩突出的小贷公司和没有违法违规记录的民间融资组织，进行民营股份制社区小银行的改革试点。金融领域凡对外资开放的，也对民营经济开放。草根企业需要草根金融。

（7）成立化解三角债的基金公司。目前，中小企业之间拖欠现象严重，可利用互联网把一个地区或系统的企业债务连接起来，形成地区或系统内的债务链，然后进行对冲，重组债权债务关系，实现大的化解。除货币及有价证券外，还可用库存、厂房、机器、设备等对冲。

（8）政府对不裁员的中小企业发放工资补贴。视企业不同情况，政府发放50%的工资补贴，社保再退50%的“五险一金”，相当于保70%工资。当然，对低收入家庭可发放消费券，发放消费券比直接发放现金有利。

（9）大企业应向配套的中小企业伸出援手。对给自己配套的中小企业，大企业在应收货款、原材料、交货期限、滞纳金等方面给予优惠和宽限，甚至给予转贷的资金支持。如若给自己做配套的中小企业倒闭，大企业的日子也一定不会好过。何谓“大局意识”，这就是。

谢谢大家！

迎接人均 GDP 万美元时代的休闲度假旅游

中国社会科学院财经战略研究院旅游与休闲研究室主任、
研究员　戴学锋

各位领导，各位同事，上午好！

非常高兴能够参加这个会，刚才陈老师讲了很多非常沉重的话题。我想讲讲我们旅游休闲产业，旅游休闲产业或许能够让我们增加一点信心。

一、中国正在迎来人均万美元 GDP 时代

在此有一个大的背景，就是 2019 年，我国的人均 GDP 超过了 1 万美元，达到了 10276 美元。人均 GDP 达到 1 万美元后，中国的旅游消费，特别是旅游休闲度假消费会是什么样的情况呢？我觉得这是一个特别值得分析的问题。

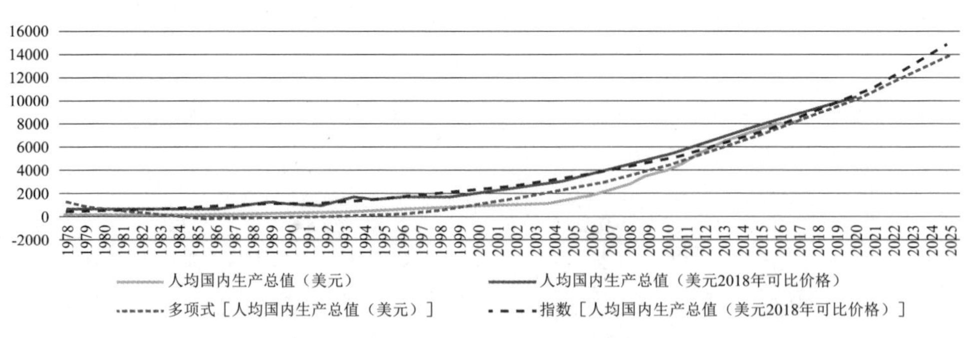

中国人均 GDP 发展趋势预测

整个世界经济在下滑，中国的经济尽管也受到了非常大的影响，但从全年看，我们依然将保持正增长。所以，在此背景下，按照正常发展趋势预测，未来在“十四五”末，中国的经济有可能达到更高水平，即有可能达到人均

GDP 12000 美元，甚至更高。“十四五”末期，我们将有可能进入高等收入国家行列。尽管未来可能会有波动，但是大趋势不会变。

二、万元 GDP 时代发达国家休闲度假旅游特征

人均 GDP 达到 1 万美元后，我们的休闲度假是什么样的情况呢？我们应该有提前的认识。为此，我选择了日本、韩国和我国进行对比。为什么选择日本和韩国呢？首先，我们同是东亚国家，文化背景非常相似，消费理念也非常相似，比如，我们都有“穷家富路”这样的想法；其次，都是后发国家，都在赶超先进发达国家；而且赶超的路径也非常类似，都是从世界工厂、低端服务业逐步向国际化演变。这两个国家，它们的休闲度假情况，特别是它们达到人均 GDP 1 万美元以后的休闲度假情况是怎么样的？

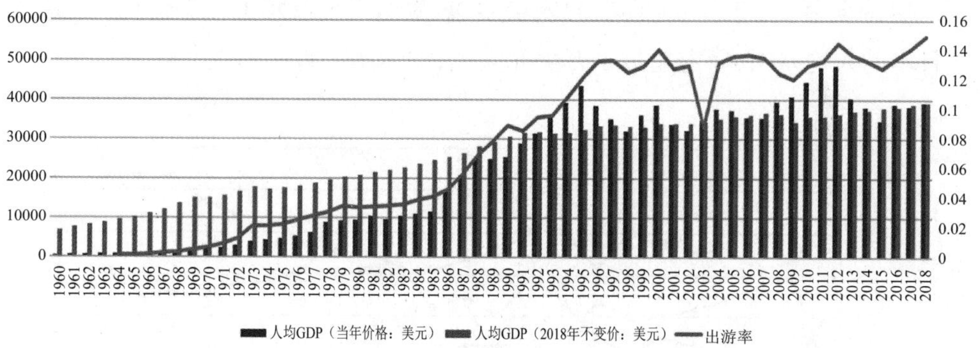

日本经济发展与出游率的关系

首先看一下日本，深色是日本当年的人均 GDP，浅色是按照 2018 年可比价格计算的人均 GDP，这条曲线是每年出境旅游的增长率。可以看到，1 万美元是一个门槛。从 1964 到 1973 年，日本人均 GDP（按 2018 年可比价格）从 9662.84 美元上升到 17780.99 美元，这个阶段是日本出境旅游发展的关键时期，出境旅游增速非常快，年均增长接近 40%。1964 年，日本取消对海外旅行的限制，1965 年出境旅游即增长了 48%，并且这种高速度一直维持到 1973 年，

1973 年甚至在连续两年增长 40% 以上的基础上又增长了 61%。日本的出境旅游人数从 1964 年的 12.8 万人次增长到 1973 年的 224.8 万人次。

这里我稍微解释一下：第一，为什么用可比价格？大家知道，每年货币的价格是不可比的。比如，中国现在的情况和日本 1964 年的情况实际上是不可比的，因为货币是有时间价值的，所以这里我进行了调整。再有，为什么用出境旅游来分析一个国家旅游休闲度假的情况？因为各个国家休闲度假的统计指标非常复杂，无法比较。有的国家统计，有的国家不统计，每个国家的统计方式也不尽相同。只有出境旅游数字，各国之间可比，出境人数都有完整的统计，出境花费在国际收支平衡表上必须表现出来。此外，出境旅游能综合反映一个国家旅游休闲度假的发展水平。

在这段时间，日本的休闲度假情况，特别是公民休闲度假的意愿发生了什么变化？从各种消费的比较上看，休闲和娱乐从 1970 年以后排名第二，1978 年以后持续第二。1983 年日本的人均 GDP 为 10425 美元（当年价格），这一年日本的人均 GDP 稳定超过 1 万美元大关，“休闲”首次超过“住房”。

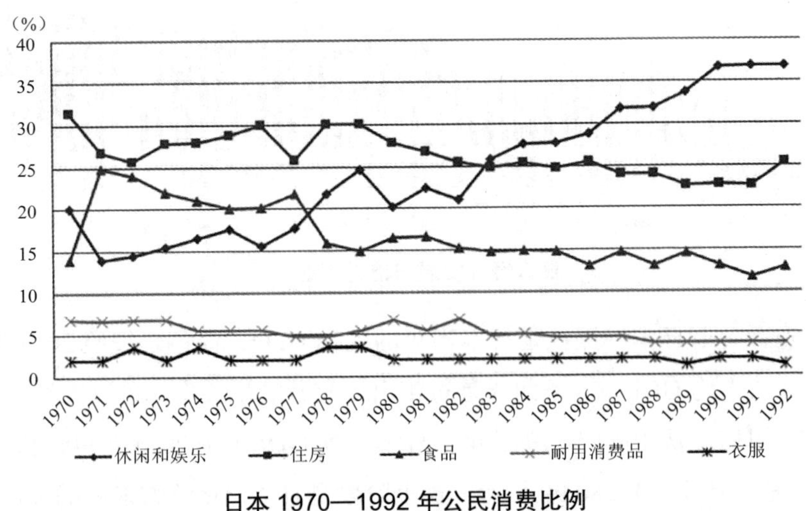

日本 1970—1992 年公民消费比例

同时，日本国家政策也开始向休闲度假倾斜，1988 年日本政府公布了一项旨在降低工作时长的 5 年计划，目标是将月工作时长降低至 150 小时，中国现在是 160 小时。此后，日本的投资也开始进入旅游行业，特别是在 1982 年被誉为亚洲第一游乐园的东京迪士尼乐园开业，这一年按可比价格日本人均 GDP 超过 2 万美元。

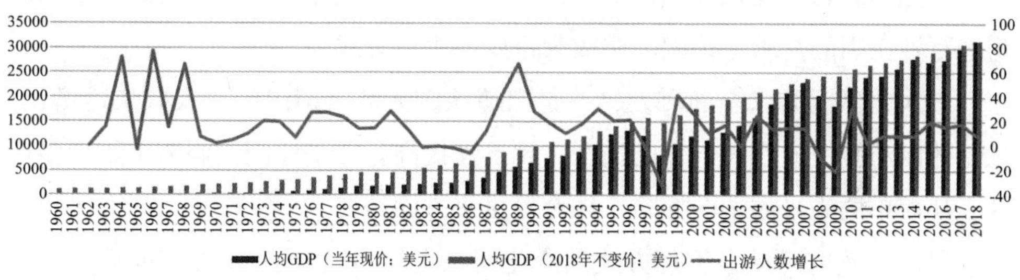

韩国出境旅游增长率与经济的关系

再看一下韩国，韩国出境旅游发展最快的阶段是 1986—1996 年，按照 2018 年可比价格人均 GDP 从 6975 美元上升到 15056 美元，这个阶段出境旅游增长了 10.21 倍，年均增长率高达 26.17%。这段时间，特别在 1994 年以后，当年人均 GDP 超过 1 万美元，出境旅游在前一年高速增长的情况下，又增长超过了 30%。1995 年韩国国内旅游消费首次超过 100 亿美元，达到 107 亿美元。也就是说，除了按照可比价格计算人均 GDP 1 万美元，当年人均 GDP 1 万美元对旅游休闲度假也有重大影响，当年人均 GDP，对当年的消费心理也有非常大的影响。

再有韩国民众观念的变化，在 20 世纪 60、70 年代，甚至 80 年代初，和我们一样，努力工作和勤俭节约是韩国工人的座右铭，驱动着他们为繁重的工作敬业献身。人均 GDP 接近 1 万美元后，韩国人开始接受休闲的理念，而且政府也开始支持旅游休闲度假消费。特别是 1986 年、1988 年韩国举行了亚运会、奥运会，更提高了老百姓参与体育休闲健身的意识，国民不再认为休闲是工作的对立，而是有助于提升劳动效率，对休闲生活的期待日益高涨。此后，韩国的旅游消费在整个消费的增长比例非常快，到 1995 年，韩国人的日常花销中娱乐、休闲、旅游排到了第二位。在韩国，20 世纪 90 年代以来，特别是 90 年代中后期，按照 2018 年可比价格人均 GDP 从 1 万美元向 2 万美元发展阶段，大型娱乐公司，特别是那些造星公司开始大量涌现。

我们总结一下日本和韩国在人均 GDP 1 万美元前后发生了哪些变化。

首先是观念的变化，在这个阶段民众不再认为工作是唯一的目的，享乐成为老百姓正当的需求，休闲度假成为重要的生活方式。

其次，休闲需求全面爆发，一是出境旅游人数、国内旅游人数快速增长。二是休闲消费快速增长，休闲消费占比迅速提高。三是休闲度假需求呈现多样性，从简单的观光旅游向探险、体育等更多方面转变。

最后，政府对社会管理方式的变化。在人均 GDP 达到 1 万美元后，政府不再把经济发展作为社会发展的唯一目标，而把提高老百姓的幸福指数作为重要目标。在这个阶段大力改善休闲服务和基础设施，为国民出行提供更多方便。同时，利用大型赛事等活动，迎合国民休闲需要。

此外，该阶段也是民营资本大量进入旅游休闲度假的阶段。

以上是日本和韩国在人均 GDP 按照 2018 年可比价格达到 1 万美元后，旅游休闲度假的基本情况。

三、我国休闲度假旅游现状分析

再来看中国的情况。这些年，中国旅游休闲度假增速非常快，这种增速和经济发展密切相关。

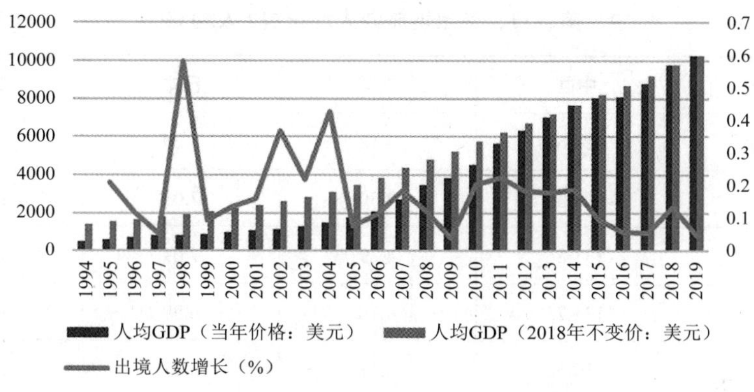

中国出境旅游人数增长与经济的关系

1997—2004 年，按照 2018 年可比价格，中国的人均 GDP 从 1815 美元上升到 3109 美元，这段时间，中国出境旅游年均增长率高达 27.3%，出现了日韩人均 GDP 接近 1 万美元阶段的特征。

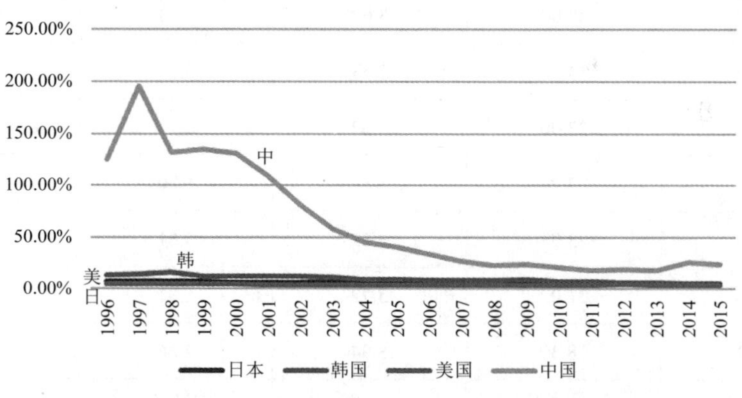

中、美、日、韩出境旅游人均花费 / 人均 GDP

我国的旅游消费占国民收入的比重非常高。在这里我用了一个指标，出境旅游人均花费与人均 GDP 的比值。在 1996—2000 年这个阶段，中国出境旅游人均花费 / 人均 GDP 超高，1997 年左右时曾高达 195.34%，此后多年维持在 100% 以上，也就是讲，人均出境旅游花费超过人均 GDP。2001 年以后逐步下降，但在 2015 年依然维持在 24.32%。这在全世界绝无仅有。

中、美、日、韩出境旅游人均花费 / 人均 GDP （单位：%）

年份	中国	美国	日本	韩国
1996	124.62	4.12	7.29	13.57
1997	195.34	4.30	7.03	14.59
1998	131.86	4.29	7.01	16.24
1999	134.75	4.18	6.99	12.29
2000	130.52	4.11	6.21	12.07
2001	108.84	3.88	6.47	12.19
2002	80.76	3.71	6.56	12.56
2003	58.28	3.70	7.89	10.99
2004	45.35	3.68	7.59	9.62
2005	40.00	3.62	7.43	9.01
2006	33.56	3.63	6.06	8.64
2007	27.00	3.67	6.11	7.95
2008	22.74	3.89	6.20	8.75
2009	23.93	3.52	5.51	9.42
2010	21.02	3.72	5.31	7.54
2011	18.39	3.94	4.86	7.26
2012	19.41	4.15	4.56	6.85
2013	18.57	3.96	4.56	6.36
2014	25.48	3.74	4.44	5.84
2015	24.32	3.55	4.14	5.27

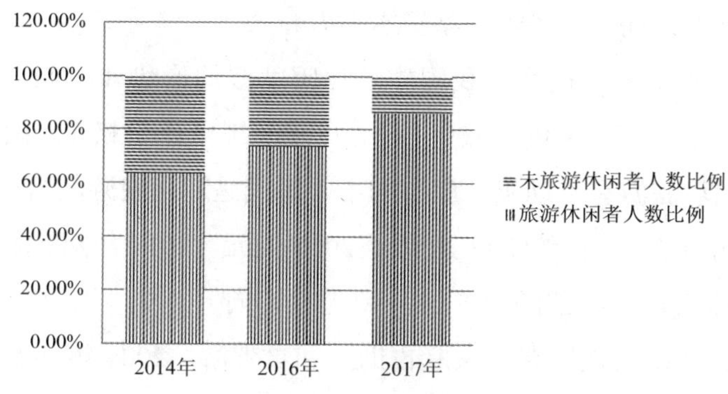

旅游休闲人数比例的变化

我们参与旅游休闲的人数非常高，增速非常快。国民休闲意愿强烈。

由于时间关系，我国的休闲度假供给就不一一展开说明了。但我们的休闲度假形式丰富多彩，已经达到美、日、韩人均 GDP 2 万美元的阶段。

那么，现阶段中国休闲旅游有什么特征？

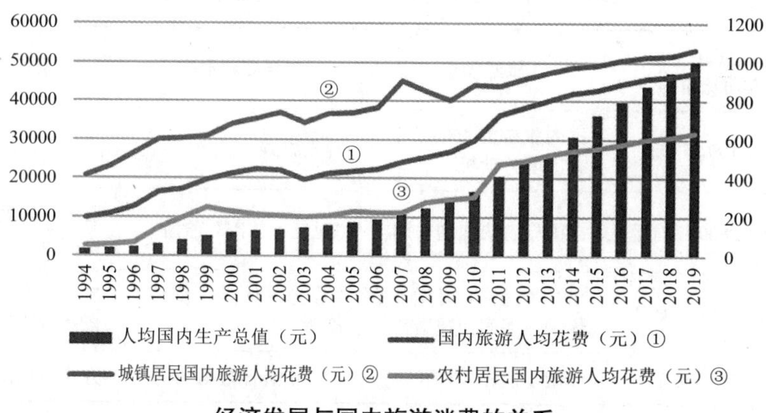

经济发展与国内旅游消费的关系

首先，无论是城镇居民还是农村居民，他们的国内旅游人均消费都是和经济发展同向发展的。出境旅游消费也是和经济发展同向发展的，但出境旅游大大高于入境旅游，去年我国的旅游逆差非常大。

其次，地方政府积极推进的政府主导模式。比如遂宁举办此次大会，地方政府大力推进休闲度假，在推进过程中与城市发展密切结合。老百姓的休闲度假意愿非常强烈。同时，各类大型资本强力介入。

我大概分析了一下这些年我国旅游休闲度假的形势和我们经济发展的关系。1994 年前，人均 GDP 在 1000 美元（2018 年可比价格），国内旅游需求迅速增长，出境旅游有了动机。旅游的主要形式是观光旅游。出行方式主要是团队。2000 年前后，人均 GDP 达到了 2000 美元（2018 年可比价格），出境旅游开始快速增长，旅游的形式也从观光旅游向“观光 + 休闲”旅游共同发展。出行方式开始出现散客、家庭自助式和自驾游。2004 年开始，人均 GDP 达到 3000 美元（2018 年可比价格），出境旅游开始井喷增长。旅游的形式向“观光 + 休闲 + 度假”转变。出行方式（散客、家庭自助式、自驾游）以更高的比例增长。2010 年以后，人均 GDP 达到 5000 美元（2018 年可比价格），休闲度假爆发式增长，也是在这些年，国家级旅游度假区开始大批兴起。旅游休闲度假已达成熟模式。出行方式也更加多元化。

我国旅游休闲度假的形势和经济发展的关系

人均 GDP（2018 年可比价格）	旅游需求	主要旅游形态	出行方式
1000 美元（1994 年前）	国内旅游需求增长期，有出境游动机	观光旅游	团队
2000 美元（2000 年前后）	出国旅游快速增长期	“观光 + 休闲”旅游	散客、家庭自助式、自驾游
3000 美元（2004 年始）	出国旅游井喷增长，休闲、度假快速增长	“观光 + 休闲 + 度假”旅游	散客、家庭自助式、自驾游比例增加
5000 美元（2010 年后）	休闲度假爆发增长	成熟的休闲度假形态	方式更加多元化

从上面分析看，按照经济发展阶段分析，中国的休闲度假与日韩比较，大大超越经济发展阶段。

四、中国休闲度假时代已经超前到来

首先，后发国家旅游休闲度假超前于发达国家经济社会发展似乎是一种必然。从数据分析看，日本的发展快于美国，韩国的发展快于日本。其次，后发国家的社会经济，特别是交通等基础设施、信息化等都好于发达国家曾经同期GDP发展阶段，所以后发国家的休闲度假消费都会超前发展。再次，后发国家长期被压制，休闲度假需求会有一种反弹，所以也会超前发展。最后，还由于人口结构的变化和城市人口的变化，等等。

但这些似乎都不能说明中国旅游休闲度假高度超前的问题，我国休闲度假特别是出境旅游的高端需求，之所以大大快于其他国家经济发展阶段的发展，最根本的原因是我国的基尼系数非常高。

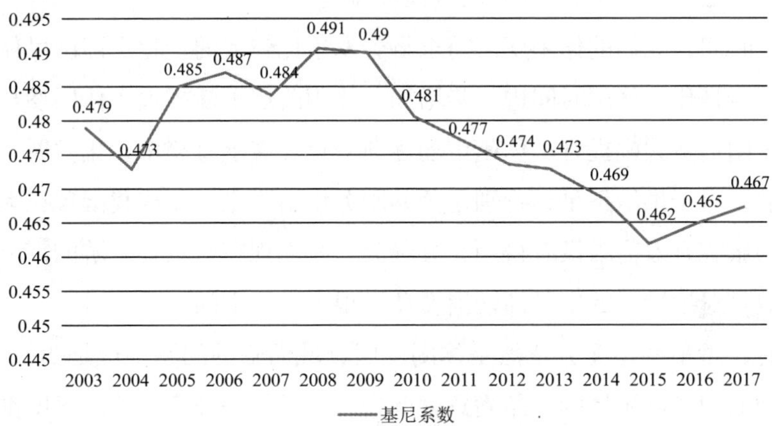

中国2003—2017年基尼系数

在改革开放之初，我国的基尼系数是0.2~0.3。到2017年，我国的基尼系数是0.467。现在欧美国家，包括日韩的基尼系数在0.3~0.4。由于我国基尼系数高，且人口基数大，因此在我们人均GDP不高的情况下，已经有很多人的收入达到发达国家的消费水平，因此我国旅游休闲度假消费显示出超前发展的态势。

五、我国人均 GDP 1 万美元时代休闲度假旅游产业发展趋势和重大机遇

在我国人均 GDP 达到 1 万美元的背景下，对未来休闲度假产业发展有如下判断：首先，有一个基本判断，尽管疫情对中国经济影响重大，但我们的经济不会崩溃，还将持续稳定发展。再有，我国将走一条共同富裕的道路。因此，不会出现富人数量大幅度降低的情况，相反，会出现穷人数量减少的情况。从国家总体战略来看，更多关注居民的旅游、健康、养老，也是十九大报告提出的“以人民为中心”的核心发展思路。

这段时间，我们的休闲度假需求将会发生比较大的变化，即国民休闲度假意识进一步强化；休闲时间进一步增加，休闲阶层不断扩大；休闲参与率显著提升，休闲消费大幅提升；休闲市场逐渐分化，需求日趋多元化发展。

目前，由于供给不足，特别是公共服务供给不足，造成我国现在大约有四分之一的旅游有效需求没有得到充分释放。我们现在对城郊旅游的需求得到了满足。但是对远游，特别是高端消费还有很大发展空间。

同时，不平衡不充分依然是休闲度假领域面临的问题。这是 2016 年国家旅游局做的国民旅游休闲产品满意度调查，对任何一类产品的满意度都没有超过 70%。国民对旅游休闲产品满意度还有待进一步提升，对市场秩序治理和管理水平提高都还有进一步的要求。

在供给上，休闲度假相关投资将大幅度增加；休闲度假产品将更加丰富（邮轮、低空飞行、滑雪、温泉、山地旅游、探险、体育旅游等）；自然条件好、经济发展快的地区会进一步形成大型度假区；有条件的地方政府会把休闲度假旅游与当地社会经济发展更密切地结合在一起，甚至成为很多地方社会经济发展的重要动力，为休闲度假旅游提供更好的支撑。

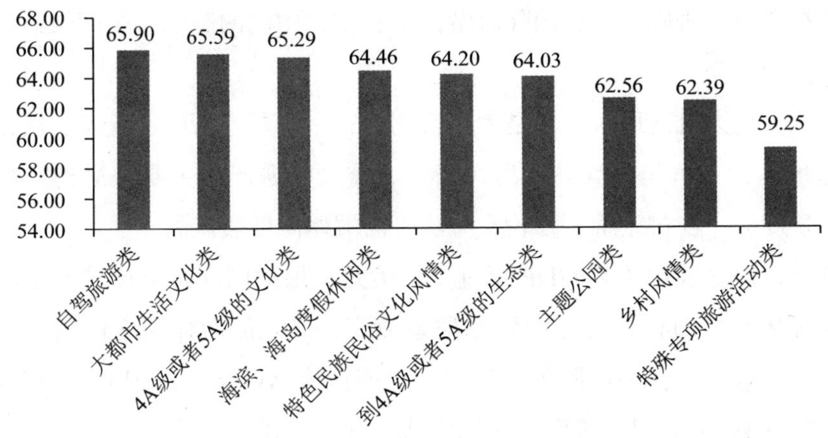

2016 年国民旅游休闲产品满意度调查

最后，我还想特别说一下未来一到两年，中国休闲度假产业发展的重大机遇。刚才很多专家也提到疫情对全世界产生了很多重大的影响，在这些重大影响中，中国经济现在“一枝独秀”。目前一些国家采取“带病复工”，这就决定了在疫苗出现之前，世界经济情况不会发生大的变化。在此背景下，出入境旅游将会受到巨大影响，中国旅游业很有可能出现“孤岛效应”。

2019 年中国出境旅游 1.55 亿人次，人均花费 1500 多美元，在世界排名第一，说明中国旅游休闲消费能力高。这些年由于我国的基尼系数非常高，虽然休闲度假超前发展，但超前发展所产生的消费，大部分没有留在国内，而是留在了国外。

我也做了一些社会调查，2020 年 7 月以来，由于国内疫情基本得到控制，而国际上疫情依然肆虐，因此高端旅游度假休闲消费开始回流，国内的高端旅游休闲度假消费量价齐升。前几天，我们去江苏调研，发现非节假日高端度假酒店都全部住满。这说明在国际旅游受阻情况下，相当多的高端消费正在回流。这种高端消费滞留国内的情况估计会持续一两年，这是中国休闲度假产业升级换代的窗口期。如果我们抓住机遇，中国休闲度假产业就可能升级换代，今后在内循环中，中国旅游休闲度假产业将为国家做出重大贡献。如果这个转型期做得好，未来疫情过去后，由于路径依赖，将会有更多高端旅游休闲度假消费留在国内。否则，一旦国际旅游恢复正常，中国的高端旅游度假消费又会流出，变为外需。

我认为重大机遇地区一个是大城市周边；一个是像新疆、青海、黑龙江这些边远地区；一个是海滨、海岛、海上。重大机遇产品主要是滑雪、汽车营地、温泉度假、乡村旅游、邮轮、海滨等高端休闲度假产品。

总之，一是我国人均 GDP 超过 1 万美元，根据国际经验比较，中国将迎来旅游休闲度假时代；二是中国基尼系数高，高端旅游休闲度假消费会“超前”到来；三是疫情在国际上蔓延，有可能造成高端旅游休闲度假消费回流。因此，“十四五”期间，特别是前期将成为我国旅游休闲度假产业发展的关键时期，“十四五”中国的旅游休闲度假产业大有作为。尽管现在疫情仍然没有过去，但是“我们的同志，在困难的时候，要看到成绩，要看到光明，要提高我们的勇气”。新时代旅游休闲度假产业“航船的桅顶已经冒出地平线了，我们应该鼓掌欢迎它”。

新战略与休闲度假机遇

中国旅游协会休闲度假分会会长、世界旅游城市联合会专家委员会
首席专家　魏小安

导言：新战略

最近一段时间，中央明确提出，要加快形成以国内大循环为主体，国内国际双循环相互促进的新发展格局。这是一个战略思路，不只是应对疫情，是从供给到渠道再到需求的全链条安排，是从产业链、供应链到需求链的全系统推进。只有中国这样的大国，才有可能形成这样的新战略，只有14亿人口的大市场，才能落实这样的大战略。其中，拉动内需是重中之重。各行各业都需要围绕新战略，形成新思路，开拓新方式，谋求新格局。

十年前，有一位市长跟我说过一个观点：抓旅游我百分之百赞成，积极性非常高，但是抓休闲我没有积极性。为什么呢？他说旅游是外需进入，增长我们的GDP，休闲只是自己跟自己热闹，对发展没有意义。但是我估计现在这种观点没有了。现在不管谁花钱，能花钱、能拉动内需的就是好事情。

所以现在有两个方面的问题。一是各地和各行业在循环战略中的位置和作用；二是如何对应新战略，谋求新发展。所以不管对形势乐观也好、悲观也好，这不重要，我看重的是变化，更重要的是变化之中产生的机遇。所以现在文旅行业如何应对循环战略，谋求新的发展？简单来说，内循环就是城市休闲、乡村度假，确实是我们自己跟自己玩；但是把经济盘活了，这个作用就很大了。大循环就是跨省观光、目的地度假。双循环就是入境旅游和出境旅游发

展。眼下双循环我们还谈不上，可是内循环和大循环是大家最关注的问题。

一、市场新特点

1. 休闲度假蓬勃兴起

今年我们已经看到了现象级的消费，就是城市休闲和乡村度假。这样一个发展过程，也是中国旅游未来的发展趋势，消费引领供给，供给促进需求。从拉动消费来说，以短补长，是一种选择。“十一”快到了，大家说“十一”八天假期，很多人都看好这个市场，我建议大家不要太乐观。毕竟我们不是疫情后，中央说得很清楚——疫情常态化，在疫情常态化背景之下研究产业的复苏和振兴，一方面要防止疫情，一方面要促进发展。不光是我们自己，现在消费者自身观念也在变。今年“十一”的跨省大流动不太可能，但是休闲度假这方面会火爆，这是很自然的。所以，高频次、短距离、低单价、大众化是一种趋势。形成市场分工体系，长短结合，高低俱全，是一种成熟的表现。

结合最近的市场变化，这个趋势很明显了，比如说我们有些酒店可以卖到三四千块钱，甚至一些民宿也可以卖到三千块钱，远远超过了一些五星级酒店，是没有需求吗？当然有，但是怎么和需求对接？这就需要我们好好挖掘。而且不能只追求高端市场，任何一个市场一定是高中低衔接的，这才是一个成熟的市场体系。

2. 要素的变化

旅游要素可以分为三类，第一是运营要素，即传统的食、住、行、游、购、娱六要素，重点在企业，现在全世界普遍成熟，形成了运营的均质化。

第二是发展要素，涉及投资、管理、人才、信息、土地、市场，还是六要素，涵盖各类企业，推进其他要素的完善。现在在文旅行业里，发展要素参差不齐，而且结构性问题最突出。

第三是环境要素，涉及旅行安全、财物安全、身心健康、绿色环保、社会友好、公共服务等，也是六要素。这些要素重点在政府，是公共产品。所以，运营要素重点在企业，发展要素重点在营商环境，环境要素本身是公共产品的意义越来越大。

以上三类要素，在旅游发展的不同阶段，权重在变化，结构也在变化。初期，运营要素第一。中期，发展要素第一。现在来看，环境要素越来越突出，也意味着政府在其中的作用越来越重要。尤其是在疫情肆虐的情况下，环境要素上升到第一位，也是长远竞争的根本。实际上，各地旅游发展的不平衡也主要体现在环境要素方面。由此，可以创造旅游领域新的中国模式和中国经验，这是一个大题目，也是中国旅游在全世界的地位提升、市场拓宽和权力增加。

二、休闲度假发展机遇

1. 发展态势

疫情推动文旅产业进一步发展，消费浪潮已经产生，竞争热潮也已经产生，发展机遇就摆在我们面前。所以我们讲循环，循环的核心就是要转起来，这就涉及流量与流速，流量越大，流速越快，作用越大。旅游业的发展对经济和社会的发展起到了多功能、全方位的推动作用。

新战略对旅游的影响有两方面，第一，大循环的条件还没有完全成熟，但是另一方面，内循环的条件现在已经完全成熟，甚至可以说条件非常之好，这一系列的条件实际上让我们迎来了新时期最重要的战略机遇，将开创历史，形成文旅发展大格局。

因为新战略的核心就是扩大内需，尤其是大众日常需求。从国民消费来看，目前一是大钱花不起，所谓大钱，是百万级的消费，主要是买房子，可是现在房地产市场基本到了天花板。二是中钱不用花，所谓中钱，是十万级的消费，主要是汽车和家用电器。三是小钱敞开花，所谓小钱，是万元级以下的消费，日常消费只是百元级的，稍多一点，自然就是旅游消费。

从国民经济的总体格局来看，新战略将会成为新时期旅游提升的重要推动力。各地都在研究新战略的落实，自然就有长短相较，扬长避短。产业链的恢复取决于消费链的扩展，立竿见影的自然是旅游。因此，各地对旅游的重视也将达到新高度。

今年得利的省份是海南，疫情开始，到 2 月份我就判断今年海南旅游会火爆。因为原来东南亚是中国人的主要出境旅游度假地，可是今年疫情发生后，中国人出不去了，怎么办？要想度假只有去海南。所以海南今年只影响了一个礼拜，有些省份只影响了一个月，多数省份影响了三四个月。现在大家基本放心了。我们处理疫情、对待疫情的机制、经验、做法完全成熟，不会因为出了一波疫情，就紧张得不得了。单点隔离、精准对策，我们对疫情的判断和把控能力已经很强了，不至于牵一发而动全身。这样，旅游内循环和大循环的条件也具备了。

国民经济各行各业比较，旅游的综合性最强，拉动力最大，就业领域宽广，在六保六稳中的作用也最突出。在进一步的城乡大循环中，旅游的新作用已经显现，谈乡村振兴，离不开乡村休闲。从世界来看，形势有所恢复之后，旅游业将是风向标，完善双循环，旅游仍然会成为先锋。

2. 创新发展、赋能消费

现在需要我们谋求创新发展，核心就是赋能消费。我们老是说市场需求大，实际上给我的感觉是这个市场需求不扎实，我们的消费需要赋能。

第一，作为旅游者来说，体能增长，技能增加，智能丰富。因为我们中国人不太会玩，从历史到现在都不太会。应该说现在“80 后”开始玩了，“90 后”“00 后”会玩了。所以我们要追求好玩，玩好。第二，教育赋能，增加户外活动，研学旅游发展，亲子游强化。这个格局现在已经形成了。第三，技术赋能，学习玩的技能，提高玩的本领，掌握技术要领。第四，时间赋能，增加休假时间，改革休假制度，自由安排，自主休假。第五，金融赋能，增加未来的稳定感、安全感。第六，环境赋能，营造良好的消费环境，建设友好的社区环境。因为现在社群营销，社区产品，社交吸引变成了一套新的模式。最后是文化赋能，传统和现代要紧密结合在一起，让历史变得时尚，让文化变得可亲，让自然可以接触，让旅游进入生活。我们不能老是高大上，比如说“文化厚重”这个词我就不太赞成，旅游者追求的是轻松、浪漫、享受，用一个又厚又重的东西压在旅游者的肩膀上，他们可能会说：对不起，用脚投票我就不来。中国的词汇这么丰富，为什么我们非得纠结于文化厚重，实际上是我们观念转向的问题。自然不宜改变，感受应当深化；历史不可重演，体验应当升华。

三、抓住机遇，触底反弹

这个过程，两个方面都要看到。说经济是垮塌式下降，旅游更严重，是雪崩式的，大伤元气。从需求角度看变化，国家财富会倾斜于疫情防控和复工复产，个人财富会倾斜于生存。中产萎缩，穷人榨干，必然减少旅游的长远需求，但是休闲会大行其道。从供给角度看，员工下岗和企业破产将随着疫情时间的延长而加剧。但是历史证明，只要时机一到，恢复和反弹都快。但疫情之后的反弹应当有一个过程，现在逐步在进行。爆发式增长可能只是短期，更多是一厢情愿。

说到底，安全、健康、质量、创新，这是基础。但这些都需要成本，我从来不认同优质低价，这违背规律。从疫情开始我就担心恢复期的恶性削价竞争，现在看来，更甚。湖北所有景区免费，这可以理解，感谢全国人民支持湖北。但其他若干省的景区跟着就开始免费，我就不能理解了，我们把旅游当成产业了吗？当产业就不能这么做。这种做法人气并没有增长，但旅游企业的成本大大加重，为了眼前的人气，怎么维持长远？所以这种事情，无论是从宏观决策还是地方政府决策，我都觉得有欠考虑。

此次疫情能够扛住的企业，第一是内容丰富。第二是跨领域。第三是所谓的轻资产运作，但只是少数，甚至是偶然，很难成为多数行为。原因简单，没有重资产的投入过程，何来轻资产运作？没有多年形成的品牌，怎么轻资产运作？第四是集团化运作，借助集团优势，在资产层面腾挪。第五是创新，多数是产品创新，短期起作用；部分是营销创新，中期起作用；个别是模式创新，长期起作用。目前文旅行业真正看到的模式创新不多，但是只要发现一个，就会看到长久的生命力。所以面对国家新战略的调整，我们必须要跟上，通过文旅行业对应性战略，来促进地方新战略的发展。比如说遂宁，实际上就是在推进一个新战略，这个新战略就是从传统的观光旅游转向休闲度假的发展，改变农业城市、工业城市的形象，创造休闲度假一线城市。这就是一种模式化的调整，这种模式化的调整，相信在未来几个月，将会看到显著的效果。这样的作用必然会推进城市的发展，进一步推进行业的发展。

下一个 10 年的旅游需求和休闲度假产品

世界旅游城市联合会专家委员会委员　杜一力

一、关于“旅游需求”的几个问题

疫情以来我们一直在研究“旅游需求”问题，大致关注 5 个方面。第一，关于“收入下降”和旅游需求。第二，“消费信心”和旅游需求。这是两个中短期问题，是疫情期间的突出问题和这个行业都绕不过去的现实问题。疫情期间大家信心下降，旅游业一片哀鸿之声，我们需要和大家一起对旅游需求和国民经济的关系重新发现、重新认识，借历史契机研究更深入一些。在多次的线上、线下的充分讨论中，我们有很多新发现，也坚持了我们的基本结论。基本结论就是我们熬过了历史最困难的时期之后，终究还是一片艳阳天。旅游需求不会一蹶不振，还会继续增长。这里面观点和论据在很多地方说过，这里就不展开了。第三，“消费张力”和旅游需求。这是消费规律在旅游需求上的表现，是对更深一步的旅游规律性的认识。第四，“发展阶段”和旅游需求。第五，“内循环”和旅游需求。

今天主要讲对“发展阶段与旅游需求”“内循环与旅游需求”的思考。重点是“发展阶段”中的旅游需求问题。我们所处的发展阶段是有准确描述的：我们正处在“决胜全面小康”，迈向下一个更加现代化的新的发展阶段；实现第一个百年目标，奔向第二个百年目标的时期；这是 2020 年转向 2021 年的一个标志。我在想，实现“全面小康”给中国经济社会带来的最深刻的改变是什么，应该是“中产阶层”的形成。我们说的是“中产阶层”，不是中产阶级，阶级和阶级斗争是我们不要的，但是收入差别是有的。在实现全面建成小康社会的这个阶段，40 多年改革开放造就了大批收入水平和生活状态达到小康以上的社会人群，这个阶层是货真价实的中产阶层。下一个阶段是新阶段，新阶段最大的经济社会特征，是“中产阶层主流化”。从“全民奔小康”到“中产阶层扩流”，这是跟工业化、进一步现代化相匹配的社会发展特征。

穿插一个思考方式的认识。当前面对百年未有之大变局，都站在“底线”上思考事情：要转向“内循环”，争取“双循环”，要有“持久战”准备。今天早上听陈全生老师讲经济的时候，很多具体问题我跟他的认识是一致的。看实时数据反映的情况，真的是忧心忡忡，现在真的是中国改革开放以来发展最艰难的时期。但是光有底线思维是不够的，认识发展问题要有跳出周期曲线的能力，用“终局思维”问一个最简单的问题：我们最终能不能从全面小康进一步到更现代化的发展阶段，我们第二个百年目标有戏没戏？中国会不会落入中等收入陷阱？这些问题简单但是拷问灵魂，区分有根据的自信与盲目自信。我们是经历了改革开放全过程的一代人，对于世界经济格局以及中国经济的共性特殊性，是有一些真实理解的。虽然外部冲突来得猛烈，突破了规律，但是中国社会这个庞然大物已经走到高收入的边缘，14 亿人的发动机已经被启动，14 亿人追求更加现代化生活的努力按也按不住，主要发展宗旨不变，不管外部环境怎么困难，最终阻挡不了中国向前发展的进程。

回到“中产阶层主流化”上来。往往一研究“中产阶层”问题就会纠结到学术问题和标准问题上来，比如收入多少算中产阶层？多少中产阶层算主流？其实不需要那么教条，站在坚实的现实生活中，我们可以触摸和感知到当前中国相当一部分人群的生活，不管纵比还是横比都达到了中产阶层的生活。我们分析了几十年的旅游市场，主要就是这部分人群。 中产阶层主流化，到底这个人群有多大？做了很多研究，也还是回到最基本的数据上来。根据国家统计局发布的《全国居民五等份收入分组》来看，14 亿人分成 5 个组，每个组都是 2.8 亿人，中等偏上收入组 2.8 亿人，高收入组 2.8 亿人，这 5.6 亿人都是中等以上收入人群。我们对具体数据也有过辨析，中等偏上组的起点是人均可支配收入4万元人民币，一个家庭可支配收入12万元人民币在北京和上海还不算中产阶层，是比较拮据的中等收入阶层；但是整体分析，城市乡村都算上，人均可支配收入4万元就是中产阶层生活水平，中产阶层需要的要素都有。我们跟其他国家生活水准的比较，比如美国。考察美国人均可支配收入4万美元的家庭和中国可支配收入为4万元人民币的家庭比较，实际生活状况几乎完全一样的。所以，中国居民有5.6亿人已经达到中产阶层水平是没有疑义的。“中产阶层扩流”指的是“中间收入组”的2.8亿人和“中等偏下收入组”的2.8亿人，这5.6亿人是下一个十年努力成为中产阶层的主流阶层。这就是我们下一个中产阶层的主流化人群。这两部分人往中产阶层的路上走得很快，很努力，没有什么可以阻挡的。目前最低收入组2.8亿人群可支配收入还不到8000元，但是最终这2.8亿人也会渐次成为中产阶层。第二个百年计划期间，后三个社会群体将迈入中产阶层，正是这个差异形成的经济发展水平不平衡，反映中国内需有巨大潜力。不平衡内涵需求，不平衡激发动能。今天上午陈全生、戴学锋老师都讲了贫富差距问题，这是21世纪的世界问题、世纪问题，正是基于国家能力，我们缩小贫富差距的目标和战略才有可能实现。“脱贫攻坚”还会继续，但是重心是扶助更多的人进入中产。“中产阶级主流化”将成为新的国家战略目标。

2019年的《全国居民五等份收入分组》

20% 低收入组：	人均可支配收入 7380 元
20% 中等偏下收入组：	人均可支配收入 15777 元
20% 中等收入组：	人均可支配收入 25035 元
20% 中等偏上收入组：	人均可支配收入 39230 元
20% 高收入组：	人均可支配收入 76401 元

数据来源：国家统计局。

“中产阶层”不光是收入概念，还是生活方式。区分“新中产”和“老中产”，不是收入多少，而是生活方式。收入水平有起落曲线，但是生活方式有稳定性：世界很多国家经济遇到大的挫折和危机，但中产阶层改变了自己的生活方式了吗？没有。2009 年世界金融危机，是由美国家庭债务高企引发的。研究数据，美国中产家庭确有纠正他们的生活方式的意图，少消费多储蓄，但是不到 3 个月，美国家庭“生活消费比”就回弹到危机前的 94%。新中产的生活方式有“进步效应”和“发展效应”，更积极与现代经济、现代社会相协调。当前引导消费的就是新中产。中产阶层的“财富效应”也是经济稳定发展的动因，我们专门分析过中国中产家庭的财富情况，中国人民银行在 2019 年有个大型调查，中国家庭的财富状况在其他国家比起来还是比较高的，尤其是住房拥有率达到了 90% 以上。这一方面说房地产市场增长上限临近，另一方面说明中国家庭消费结构在转型、生活水平在提升。

“内循环中的旅游需求”，也要回到与发展阶段的关系上来。分析中产阶层扩流和中产阶层需求转型，是解释旅游需求保持旺盛的底层逻辑。所以当前经济起伏波折，但是居民的消费愿望和消费能力不会降低，其中旅游消费经过阶段性的恢复增长，之后会稳定在基本水平上。具体来说，第一，出入境市场，是“短期休克、中期低迷，长期审慎复苏”，这个不取决于我们使力不使力。第二，国内游市场，“短期恢复、中期调整，长期稳定”。为什么说“中期调整”而不是“中期大增”？还是前面那个底层逻辑，这次疫情最大的调整不是旅游产品，而是考验了整个中产阶层。经历危机的淬火，又面临新的各种“不确定”，中产阶层的生活方式不会变，但是消费状态会调整。消费决策会谨慎，奢侈消费会减少，对消费的要求会精细。当然谨慎不是降低，成熟不是降级，调整正是建立理性。这次疫情从整体上推进了中国中产阶层成熟的进程。

前所未有的困难时期，我们一批研究旅游时间比较长的同志，总是对中国旅游的未来发展有信心。因为我们经历了中国旅游需求从无到有的过程，有纵向比较的深刻记忆。开始提出发展国内旅游的时候，中国人均 GDP 才 300 多美元，那么穷还发展旅游，遭到了多少反对和挖苦；当到了 2000 年，中国人均 GDP 翻到 2000~3000 美元，旅游需求开始爆发，国内需求和出境需求都爆发，我经常体会一个词——“需求革命”，多次分析什么叫“势”，真切理解“发展阶段才是根本机遇”，今天再补充认识：“中产阶层主流化是成长机遇”，“精神文化需求强化、刚性化，是结构性机遇”。中产阶层进程向好、需求向好，旅游向好不向好，取决于我们自己的适应能力，变革能力和创新能力。

二、下一个 10 年的休闲度假旅游场景

中等收入阶层消费成熟起来以后的休闲度假生活，需要设想和描绘。对未来的旅游发展国家战略可以归结为一句话“高质量发展”；“十四五”规划还可能提出一套“增长指标”，或者还有创新的“质量指标”。这些为未来旅游发展定性定量，但还不足以为未来旅游发展“塑形”。做产品和做目的地，需要一些形象思维，需要有对未来社会发展阶段的想象力。描绘未来，旅游产业要向科技产业学习。科技对社会生活的变化预测非常生动，人工智能带来的变化，万物互联带来的变化，预测的场景很是激发人们的创造热情。下一个 10 年中国人休闲度假生活整体状况，活跃部分是极大的多样化、多元化，和文化融合，和体育、健康、教育融合，创新领域很开阔。但是回到基础性的度假产品上，离不开三个方面基本场景：

第一是工业化时代休闲度假产品面临新的融合创新。所谓工业化休闲度假产品就是欧美式的度假方式，因为现代化的休闲度假本身是工业化国家最先形成的生活方式。所以欧美休闲度假最成熟，最有体系，深刻影响了全世界度假旅游目的地的形成。在我们改革开放的 40 多年，中产形成的 20 年，欧美度假产品对我们的产品影响是深刻的。深入地影响了每个人的生活。一是基本类如酒店度假产品，中国酒店类产品在全球体系中最全，这一类产品深刻塑造了消费型度假产品的基本模式。二是游乐性度假产品。投资大的旅游项目中，主题公园类产品在中国游客最多，全球各大企业都有代表产品在中国落地，本土主题公园也有 3~4 家在全球 TOP10 榜单中有地位，引发中国多轮的主题公园投资热。业界一直在讨论，主题公园的娱乐休闲形式热还会持续多久，是不是

跟进或者超越“迪士尼”就不愁游客。下一个 10 年我们也许会换一个维度思考这个问题。很多科技界、航空界的专家有看法，根据他们对科学技术前沿的掌握，工业化时代的主题公园，实际上已经到了全面创新和完全迭代的新的历史阶段。当前主题公园的科技基础是工业革命时代的基础，内容形式 IP 运作都是工业化时期文化特点的反映，未来的十年，巨大的科技革命成果如果运用于娱乐领域，可能会完全创新，甚至是颠覆这个领域。科学家们认为，这个创新迭代，不是产生在美国，就是产生在中国。但是看业内同行，我们还在努力地学习模仿和跟进，超越之心暂时没有，还没有鼓荡起这种激情。三是传统的海滨度假、乡村度假、山地度假等主体度假产品风格。这些度假产品都是“在地资源”+“在地文化”+“现代生活”三大元素的“旅游化学”，“化”得好，旅游产品和目的地完全可以“在地超越”。中国新型度假地，在“现代生活”这一元素上有很多超越。比如我们所在的遂宁，原本不是发达的休闲旅游目的地，借城市生态提升之际，引入万豪等度假酒店，现在可以大声说，“休闲度假，很遂宁”。更有能者，把“在地资源”+“在地文化”融合得更好，成为中国风格现代生活的休闲度假产品，比如说乌镇，“休闲度假，很中国”；拈花湾，“休闲度假，很中国”。但是总体来说，中国的休闲目的地和度假产品，多是“设施很新，方式依旧，质量平平”，要成为世界休闲度假的最佳目的地，需要改进的还有很多。

梳理分析中国引进和创新的度假旅游品牌，尤其关注了复星旅文最近引进的一些高档品牌：亚特兰蒂斯、地中海俱乐部，现在还购买了托马斯库克旗下的几个高档度假村品牌，复星的战略很明白，就是要做“全球度假村的龙头企业”。原来一些企业出去买酒店、买品牌纯粹是瞎买，复星是比较有战略目标的企业，而且复星的企业战略和国家发展阶段的产业战略是同构的，值得期待。但是不是买下世界顶级旅游品牌我们就是世界顶级的旅游企业？真不一定。不过下一个 10 年，中国的旅游产品与世界顶级产品跟得更紧，或者说完全站在同一起跑线上，当下需要的是华为那种提供自己核心竞争力的巅峰企业和先锋作品，有一批力作，形成超越工业化时代度假产品的体系还是有条件的。

第二是“深度自然”+“本土文化”的度假产品是下一个10年的引领产品。说到这类产品，自然会浮现东南亚国家的度假场景。东南亚国家在这类产品上有很多国际一流的度假产品：现代设施，东方神韵，细节精致，服务饱满。虽然都是追赶型国家，但东南亚国家在度假产品上总有超越在发生。20世纪八九十年代我们一说就是东方文华、香格里拉、巴厘岛、圣淘沙；2000年以后，我们发现世界一流的奢侈度假品牌，悉数尽生长在东南亚。最为中国人熟知的安缦、阿丽拉、安纳塔拉、悦榕庄，都是新世纪的东南亚产品。安缦呈现的“低调奢华”，阿丽拉让巴厘岛成为“无边泳池全球首发地”，安纳塔拉把马尔代夫和印尼的水边酒店做到了惊人的“天人合一”。“三A一悦”贡献的理念是把环保做到极致，把与自然的融合做到“无极”。基于这种理念上的产品创新，让东南亚在世界旅游的版图中，成为度假旅游的高地。但是东南亚国家休闲度假和拉美国家旅游业的“泡泡式发展”是同一模式，发展过程是“外向型”，与本社会整体发展“隔道墙”“隔张皮”，与本地消费市场本地人民生活是“双轨制”，也是我们前20年“适度超前发展”的路径和方式。若比较整体发展模式，我们和日本还是有更多的相通性。

第三是“广域”的休闲度假。“广域联合”是日本发展政策中的用词，我们说的是“全域”。中国人休闲度假把泰国和东南亚市场作为低价市场，而把日本市场作为质量市场，日本作为度假目的地，明显的强项是整体环境整体质量，安全、方便、精致、可靠。正是在发展阶段和发展方向上，中国和日本有更多整体相似性。首先是日本的度假休闲旅游市场是以本国中产阶层为基础的“广域市场”。这个发展阶段的状况对“内循环”中的休闲度假产品建设很有意义和影响。其次是日本旅游发展轨迹和中国旅游发展轨迹有很多相似性。日本旅游三阶段：入境（国内和入境）—出境（国内和出境）—入境（国内和入境），从入境旅游起步，和中国完全一样。我们很早就关注日本的“出境旅游倍增计划”，是我们编辑《旅游调研》“他山之石”的重要“山石”；2000以后关注日本的“观光立国”，关注它入境旅游“倍增”“倍增”“又倍增”的发展。现在看来我们更需对日本的中产阶层的形成，日本的几次消费革命和日本国内旅游需求的发展进行深入考察，这才是更大的“他山之石”。日本国内旅游 1946 年开始起步，在国家经济发展中一直起着非常重要的作用。我们都知道日本的四个“全综计划”和后来的三个“国土规划”，相当于我们的五年计划。这七个综合计划一个比一个关注旅游业对地方经济的拉动。关注平衡首都圈和地方经济的关系。这同我们的发展历程和诉求非常相似。他们在各时段的全综计划中搞了各种大项目，包括交通革命、综合休闲度假区，像我们的度假区一样。为什么后来日本的入境游能够呈几何数倍增，就是因为它是广域的旅游。我们现在正在内循环，正在加大国内旅游的提升，我们跟日本旅游发展进程在这个节点可以说完全吻合了。还有，日本也使用“幸运星期一”“幸运星期五”的假期调整方式促成小长假国内旅游的繁荣，并且也是旅游产业人士在积极推动。和我们在发展措施上也有相同的成功和失误之处。再次是日本和中国的度假产品体系相似性。那么多人到日本度假，日本最给力的度假产品，也是“工业化时代的度假产品”，也是日本的文化和自然。除了温泉和滑雪比我们传统深厚，很多资源中国还强于日本，当前度假地的设施水平也不低于日本，但是我们的度假产品整体上仍然还只是初期。我们与日本度假产品的差距，主要是成长阶段的差距。全日本第一的度假区，首推轻井泽。轻井泽的度假也是源于欧美影响，如同中国北戴河、庐山、莫干山，由传教士等西方人引领的避暑休闲地发展而来的，在经济高速发展时期成为鼎盛的度假地，但是最终是在泡沫经济之后，通过“虹夕诺雅”等一批高品质项目的更新，成为“很日本”的“有生命力的度假区”。这里特别要说一下度假产品中的乡村度假，看一个国家的乡村度假是不是国内度假的基本产品，是检测是“泡泡式发展”还是“整体发展”的试金石。做一个封闭的度假区域怎么都好做，但是要让全域的旅游产业提升，直接看它的乡村游。日本的乡村游是一个“广域旅游的产品”，是“无边界的休闲旅游度假村”。我们现在正在进入全面提升休闲度假产品的阶段。下一个 10 年，乡村休闲度假的提升是最有戏的领域。

三、下一个 10 年休闲度假产品整体提升趋势

中国的旅游产业每个阶段都会按照国家发展战略提出要求和路径。“十一五”“十二五”开始提出“综合产业”“大旅游”“旅游 +”，“十三五”推进了“全域旅游”的进程，这个战略工具成为各级党委政府的工作抓手，推动了旅游业大的发展。下一个 10 年，“十四五”到 2035 年，这些思想工具都还会深化和继续。而旅游产品的提升方向，还是要真正把握需求趋势，讲旅游要从需求开始，以需求立足。设想一下，下一个 10 年，需求朝哪个方向发展，产品就朝那个方向生长。产品应该是有方向的，旅游产品是生活方式的体现，人类生活方式的提升，也是有方向的。我们不是任意进化的。需求有很多层面，我在努力思考休闲度假产品中的精神需求。下一个 10 年，度假生活继续需要物质条件的支撑，但是精神需求才真正决定休闲度假的产品方向。所以我提出“大众精致”和“后现代精神”。

一是“大众精致”。从“平庸简陋”到“大众精致”，其实这就是这个时期“高质量发展”的要求。高质量发展的战略最终都得落实到产品和服务上去，中国人确实到了用好产品、享受优质服务的时候，度假产品提升的主要方向就是“大众精致”。有人告诉我说这个需求不成立，因为“大众”就是各个层面都兼顾，中国五个收入档次，中低收入组的需求还是很初级很原始的那种。是的，中国旅游“三体式”发展是国情和特色，但这不是旅游低质化发展的根源。做旅游度假产品不是做“拼多多”，现在的投入和提升，对准的是 5 年和 10 年之后的需求，你不留出需求发展的时间，空间上的产品出来就是落伍的。而需求提升的时间发展阶段决定，发展阶段是“中产阶层是主流化”的过程。现在这个阶段说的大众不是“普罗大众”，而是“布尔乔亚大众”。中产阶层主流就是中产阶层大众。所以旅游业高质量发展核心表现是“大众精致”。如果有时间应该细细讲讲“大众精致”的案例，经常被举例的拈花湾、乌镇、阿那亚等，是在追求“大众精致”。他们创意多奇妙也未必，但是在创作过程中尊重中产阶层的需求，以营造精致的生活方式为主要诉求，获得认同

和成功。一大批企业正在实现跨越，带动度假产品从简陋平庸到大众精致。同时也要从奢华高贵到大众精致，两头向中间看齐。大众精致是社会整体水平提升的标志。

二是后现代精神。后现代精神不是哲学上的后现代思潮，那太复杂了。现在的语境中的后现代是指“度假产品的后现代”，和工业化时代度假产品相对应，指物质社会充裕起来以后，精神需求的提升，包括对物质条件一定程度上的摆脱。我们举例的好产品，日本的度假产品，都是精致、精炼、简约，这就是后现代。度假产品终于是要朝这个方向发展的，如果你当下投资，千万不要搞那么繁复，不要搞那么厚重。当前时弊，一说搞文旅融合，就把文化符号可劲往产品上堆，这是不得当的。堆不出文化效果，也堆不出精致生活。为什么设计大师建设搞几个要素就体现了更多的文化，“活化”是学问，“活化”是艺术，“活化”是传承和创新的结合。旅游产品体现文化本身就是学问，未曾破题的“化学”学问，指望着后浪们创新传承。度假产品的后现代精神突出指向人和自然的共生。我们把东南亚一流度假产品达到的高度定义为“时代的引领”，这是后工业化时期人类社会发展的觉醒。中国有大量“低调奢华”的高档产品，但是更多的是无数个小投资者、乡村农民在乡村度假产品上的移植，消化和创新。每年奔走在乡村旅游的考察路上，经常为各个群体创造的与自然共生的乡村度假产品而惊喜，对其中体现的“先锋意识”和“后现代精神”服气。更重要的是过程中的“自主性”和“个人创造能力”，一旦形成整体的气势和大平台，聚集起中国人的创造力，那今后引领性产品更多会生长在中国，因为我们是按生态文明的精神，在整体推进新阶段的发展，不是其他国家的个别社会人群或者商业机构。旅游产品的后现代精神一定指向“人本回归”。上一个百年，工业化城市化推动人本回归；当下世界，前所未有的信息化、数据化、网络化，强烈冲击着人们的生活和精神。人们比工业化时期更加需要找到精神的平衡。在这个平衡中回归自然、回归乡村，从工作状态到度假状态，度假产品本身的目的就是“人本回归”。最后一句话，后现代精神落到产品上怎么做？“人本回归”，“人和自然的共生”，“精致简约生活”的产品怎么做？

相适应的表现手法本身就是旅游产品营造方法的革命。我们还有一系列问题需要研究：传统文化如何活化？现代生活如何营造？现代派的表现手法一定表现后现代精神，传统的表现手法如何现代化？

今天就讲到这里，谢谢大家！

突出五个赋能　打牢疫后重振基本盘

——在中国休闲度假发展论坛上的主题发言

鄂旅投恩旅集团董事长　周永彪

（2020 年 9 月 23 日）

各位领导、各位专家、各位旅游界同人：

大家好！

非常荣幸能有机会参加此次中国休闲度假大会，与各位领导、各位专家、各位旅游界同人共谋疫后旅游重振发展大计。受鄂旅投集团董事长刘俊刚同志委托，下面由我代表鄂旅投集团作交流发言。

首先，向各位领导、各位专家、各位旅游界同人介绍下鄂旅投集团基本概况。

湖北省文化旅游投资集团有限公司（简称“鄂旅投集团”）是湖北实施“两圈一带”（武汉城市圈、鄂西生态文化旅游圈、长江经济带）战略组建的唯一省级旅游投融资平台，于 2009 年 5 月挂牌成立。目前，资产规模达 600 亿元，2019 年收入已超过 130 亿元，形成了文化旅游、产业投资、新型城镇建设、商贸物流四大产业板块和“一业为主、多元协同”的发展模式。经过 11 年发展，成长为主业突出、资产优良、运转规范、竞争力较强、风险可控的大型国有控股文化旅游投资集团和湖北省文旅产业龙头企业。综合实力跻身中国百强旅游投资企业，连续两年入选全国旅游集团 20 强、最佳省级文旅集团和文旅投资机构典范，是世界旅游联盟首批成员单位。

2020 年新春伊始，一场突如其来的新冠肺炎疫情给文旅行业带来一记重创，特别是湖北处于重点“疫”区，受影响期最长、涉及面最广、损失和恢复难度也最大，旅游市场整体冰封80天以上。鄂旅投集团作为湖北唯一省级旅游投融资平台和龙头企业，受到了巨大的冲击，总体损失约30亿元。面对疫情带来的挑战，鄂旅投集团集团上下奋力投身湖北保卫战、武汉保卫战，迅速按下“暂停键”。一是坚决守牢疫情防线。出台“五个一律”措施，即所有景区一律封闭、群众性游园活动一律停止、旅行社团组一律取消、各场所一律不得加工销售野生动物、职工一律不得自行流动。二是全力服务保障一线。坚持领导带头上一线，带着员工干，酒店集团洪山宾馆承担起湖北省疫情防控指挥部后勤保障服务重担，丽江饭店、悦兮半岛、荆门农谷院士村酒店分别为安徽、福建、广东、内蒙古等省（自治区）援鄂医疗队提供后勤保障服务。三是不顾安危挺在前线。粮油集团、金宇公司等商贸物流板块成员单位组建工作队，向市场平价供应生猪5万多头、进口肉类4800多吨，有效稳定市场；粮油集团的电商平台在疫情期间第一时间上线，被武汉市商务局官宣的十大电商平台之一，为武汉1000多个小区配送生活物资，帮助15万余名武汉市民解决买菜难、买菜贵难题，为武汉保供应、稳市场、惠民生发挥了重要作用。四是下沉社区战在火线。以党委书记、董事长刘俊刚同志为领帅，组建4支突击队和临时党支部，党委班子成员全部担任支部书记、队长和副队长，深入小区开展宣传宣讲、门岗值守、物质配送、消杀保洁，带动集团各级党组织组建工作队64个、2378人下沉社区一线，集团管理和突击队进驻的小区全部在前两批创成无疫情小区。鄂旅投集团疫情防控工作被中央和省主流媒体53次予以报道，省疫情防控指挥部办公室向集团发来感谢信，集团共收到地方政府、社区（村）感谢信56封，锦旗11面。

4月8日离汉通道开通后，鄂旅投集团稳步按下“重启键”。一是扎实做好疫情防控。4月中旬以来，集团旗下各单位严格按照当地政府复工和疫情防控的指导意见，在当地政府批复同意和防疫工作准备妥当的前提下逐步恢复开放运营，并做好日常防疫工作。二是广泛开展“云旅游”线上营销。积极组织和参加“云旅游”直播，持续聚集人气，提高粉丝黏性。如恩施大峡谷、宜昌长阳清江画廊、咸宁九宫山等参加“云游美丽中国”专场直播活动，吸引围观1000多万人次。举办鄂旅投文旅小镇青年说活动，仅仙桃沔阳小镇首场直播吸引600多万网友围观打卡。襄阳古隆中景区“三国人物游园”云直播吸引网络流量300多万人次。恩施大峡谷劳模谭桂英带头开通抖音直播，带领“峡谷小新”党员自媒体先锋队40余名队员通过直播，带粉丝游玩恩施大峡谷景区，其个人直播达到140场，抖音粉丝量近100万人，单个作品点赞量超200万，累计评论量2.8万条。三是制定旅游惠民政策，启动旅游产业内循环。在市场启动初期，外省客源地“谈鄂色变”，我们把工作重点放在省内，发挥鄂旅投集团的龙头带动作用，突出“品质、特价、限量和限时”等卖点，刺激消费者的出游欲望，持续提振市场信心，5月迅速止降转升，6月环比增长11.2%，7月同比增长10.53%。鄂旅投恩施旅游集团整合恩施州20多家旅游景区，面向本地市民推出恩施州旅游年卡，并争取当地政府出台拉动旅游消费政策，在8月8日前完成销售12万多张，带动了恩施州旅游市场的复苏。8月8日开始，湖北省人民政府实施了“与爱同行，惠游湖北”政策，激活了旅游市场，湖北旅游加速重振。8月份，湖北接待游客达4194.86万人次，实现旅游总收入261.79亿元，分别是7月份的2.43倍和2.44倍。已恢复开放的376家A级旅游景区中，269家的游客接待量恢复到去年同期80%以上，其中达到或超过去年同期水平的有209家，其中鄂旅投有多个景区多次预约满员。

2020年上半年，鄂旅投集团在大疫大考面前，稳住了经营底盘，各项经营指标稳步增长，风险总体可控，经营形势持续向好，特别是8月8日“惠游湖北”活动以来，文旅板块各个景区客流量是立竿见影。上半年主要经营指标整体是好于预期的，特别是营业收入这一块，完成了营业收入55.51亿元，同比增幅10.53%，投资34亿元，与上年持平，在上缴税方面还实现了增幅。疫后重振慢不得、等不得、误不得，鄂旅投集团认真贯彻落实湖北省委、省政府加快复工复产、复商复市工作要求，奋力抢时间、抢进度、补短板、补缺口，向创新要复苏力，向转型要发展力，危中寻机、化危为机，科学按下“升级键”，为湖北文旅产业疫后恢复举托起蝶变动力源。

下面，我结合鄂旅投集团疫后复工复产、复商复市工作实际，从五个方面就省级旅游投资集团如何打牢疫后重振基本盘，实现转型发展、跨越式发展做交流。

第一，守住生存底线，推进 IP 跨界整合赋能。文旅板块是集团内受疫情影响最严重的板块，在企业生死存亡的关键时期，必须千方百计设法自救，这就要求我们要靠经营管理、精耕细作，去优化配置盘活这些资源，发挥这些资源的最大价值，推进 IP 跨界整合赋能，做到"运营为王"。一是集团紧跟"惠游湖北"活动，主动谋划，推出"景区 + 酒店 + 文旅小镇"产品组合模式，精心策划 10 条"随心游"精品主题线路，积极"引客入鄂"，有力助推湖北文旅产业经济振兴。二是推动文旅企业发展夜经济，丰富游客体验内容。今年文旅企业复工复产以来，五星级酒店洪山宾馆推出夜市对社会开放，成为武汉星级酒店转型自救的范例；恩施大峡谷开设星空餐厅、坪坝营景区开设森林厨房等新的体验方式，均取得了较好的成效。三是拥抱互联网，实现资源共享。湖北海外旅游集团在推进日本、韩国复工包机业务的同时，积极谋划跨界增收，利用原有旅游电商平台，建成湖北农副产品展销平台，成为国家发改委指定的湖北省 4 家特色农产品电商平台销售单位之一，取得了较好的成效。四是整合文旅资源和跨境电商资源，实现客源共享。

第二，把准消费脉搏，推进转型迭代赋能。旅游产品是诗与远方的体验型、情感型产品，产品为王在疫后更加凸显。经过疫情的洗礼，市场消费心理、消费模式都发生了巨大变化，"人山人海吃红利"模式一去不返，传统的产品思维、商业模式、管理方式等亟待创新。特别是省级旅游集团，多由政府划拨的资产组建，掌控的旅游资源多为传统景区、原来承担地方政府接待型功能的酒店、旅行社、车船公司等，产品结构单一、同质化问题突出，缺乏核心产品和特色文化体验。新冠肺炎疫情推动康养型、运动型、个性化旅游产品成为消费主流，使传统观光游加速向休闲度假游转型，鄂旅投集团主动适应文旅消费升级新形势，创新"核心景区 + 大型营地 + 特色小镇 + 田园综合体"模式，重点打造康养度假型、体育运动型、田园综合体型、水乡园林型、历史街区型等 5 大类 15 个特色文旅小镇，其中恩施大峡谷女儿寨风情小镇、黄梅东山小镇、荆门爱飞客飞行小镇、仙桃沔阳小镇、咸宁农旅小镇、三峡茶旅小镇等已经开园或部分开园。

第三，抢抓政策风口，推进科技创新赋能。疫后旅游预约、错峰、限流成为“标配”，遇上 5G、人工智能等新技术加持，为旅游行业带来“颠覆性”革命。鄂旅投集团抢抓新基建政策机遇，加快实施“一部手机游湖北”项目，吸收“一部手机游恩施”经验，通过“一机游”平台，利用云计算、大数据、5G 等新技术，整合湖北省内“食、住、行、游、购、娱”旅游要素，并与汽车销售平台和加油平台进行链接，实现数据共享。目前，该项目已纳入湖北省疫后重整重点项目，正在加紧推进中。

第四，放大主业优势，推进产业协同赋能。文旅产业属于重资产行业，投资规模大、投资周期长、回报见效慢，特别是 2020 年新冠疫情的冲击，更凸显了产业协同的重要价值。鄂旅投集团充分发挥旅游的拉动力、融合能力，及催化、集成作用，探索发展“一业为主、相关多元协同”产业格局，形成了文化旅游、产业投资、新型城镇建设、商贸物流四大产业板块。产业投资板块致力于推动产融结合，构建起“基金、小贷、银行、证券、保险、担保、融资租赁”为一体的产业链，引导各方资金注入文旅实体，累计导入资金过百亿元。为承接疫后对湖北扶持政策红利，集团力争在“十四五”期间实现 2 家主板上市公司，目前，文旅产业上市平台鄂旅股份已进入主板上市辅导期。2 家保险公司和 1 家财务公司的审批工作已取得阶段性突破。新型城镇建设板块重点围绕特色文旅小镇建设，打造以“旅游 + 地产”为核心、具有文旅特色的成片综合开发模式，建设宜昌江南新城、恩施龙凤生态新城、荆州城南新区等一批宜居、宜业、宜游的特色文旅新城项目，开发旅居产品。商贸物流板块加快推动文旅商融合，重点以湖北自贸区武汉片区核心区东湖综保区保税物流园为载体，打造华中最大的国际贸易业务综合服务平台和口岸平台，围绕旅游消费汇聚全球优质商品，缔造国际化消费理念和生活方式。

第五，做优管理服务，推进深化改革赋能。旅游产品的本质是游客的感受和体验，旅游服务是典型的弹性服务。疫情加速行业洗牌，倒逼文旅行业重塑产业运行体系。鄂旅投集团重点实施三大创新，推进治理体系和治理能力现代化。一是机制创新。以市场化、专业化转型为突破点，加快从政府投融资平台向市场化企业转型，厘清政府与市场的边界，破除行政化体制机制障碍。加快改革薪酬分配制度和绩效考核办法，强化激励机制和竞争机制，增强发展内生动力，激发市场活力。二是模式创新。将资源集中到优势品牌上，打造资源集中、生产集群、营销集约模式，重点培育三大运营品牌，打造核心竞争力，推进品牌输出。景区运营管理品牌，鄂旅投集团旗下 5A 级景区 4 家，占湖北的 1/3。正加快以 5A 级龙头景区建管经验为基础，推进标准化运营与人性化服务体系建设，推动从期望服务上升到感动服务。酒店管理品牌，加大私域流量整合力度，打造“酒店管理 + 客源输送”一体化发展模式。目前酒店集团已托管酒店 25 家。旅行社品牌，整合两家国际旅行社资源，重点发展定制旅行、小众旅行、康养旅行等新业态。三是管理创新。全面开展投资清理整合，实施区域和产业板块重组，构建区域性二级管理平台，压缩管理层级、精减法人数量，减少二级子公司 7 家，清理低效无效投资项目 12 个，优化项目审批程序，提高市场响应速度，全面提升应对复杂环境的软实力。

总而言之，疫情让文旅产业损失惨重，但也是一次难得的“练内功”和休整重塑的机会。我们坚信文化旅游作为幸福产业之首，14 亿人民群众对以文旅消费为代表的美好生活需求只会增加不会减少，文化旅游行业必定会迎来春暖花开，更上一层楼。截至 2019 年，全国已有 31 个省组建了省级旅游投资集团，注册资本总计达到 624.6 亿元，资产规模已有 3000 多亿元。前不久，浙旅投集团正式成立，可以说，省级旅游投资平台已成为我国旅游产业发展中的中坚力量，必将在疫后产业重振和高质量发展中发挥“顶天立地”的作用。

以上是我的交流发言，有不当之处，敬请批评指正。最后诚挚邀请大家到湖北、到鄂旅投集团做客交流，共谋疫后发展大计，共谱文旅发展新篇！

破题文旅企业轻重资产转型

——灵山的探索与实践

无锡拈花湾文化投资发展有限公司总经理　陈琪

尊敬的各位领导、各位专家、各位同人：

大家下午好！

首先，非常感谢主办方提供这次难得的机会，让我有幸来到遂宁这座生态花园城市，和各位前辈、大咖一起学习交流。

遂宁的佛教文化积淀非常深厚，被称为中国的“观音文化之乡”，而无锡灵山文化旅游集团也是通过建设佛教主题文化景区——灵山胜境景区进入文旅行业的，在这一点上，与遂宁的文化气质不谋而合。

下面，我主要围绕灵山集团26年的企业探索和实践与大家进行交流和分享。首先，简要地向大家介绍一下灵山集团是一家怎样的企业、在重资产板块做过哪些探索、有过哪些得失。其次，向各位介绍一下过去五年，作为一家深耕传统文化的文旅企业，我们在转型发展的过程中，又做了哪些思考和探索。

首先，讲一讲灵山集团。无锡灵山文化旅游集团是一家国有企业，1993年成立，1994年始建灵山景区，在过去26年里，几乎每隔5年都会有重资产投入以建设新的文化旅游景区和景点。1997年建成了灵山大佛区域，2003年完成了佛教文化主题公园的二期的建设，也就是九龙灌浴，到了2009年灵山梵宫建成，历时16年建成了现在的灵山胜境景区。到了2015年，大家突然发现，在无锡太湖之畔有一个文旅小镇叫作拈花湾，那是灵山集团从2010年开始策划和创意、历时5年逐步建成的集太湖山水形胜、禅文化主题、休闲旅游度假生活于一体的心灵度假目的地。

2019年，大家又发现灵山人“离开”了无锡“来到”了山东，在孔子的故乡——曲阜建成了以儒文化为主题特色的尼山圣境景区。截至2019年，灵山集团前后26年缔造了三大景区。时间在变，但初心不变，灵山人始终坚持在文化旅游道路上塑造文化题材、追求创新效果、传递感官震撼、实现优良效益，切切实实把优秀历史文化转化成广大老百姓喜闻乐见的旅游产品。

灵山人怎样做重资产？我浓缩为三个字：“创”“美”“情”。首先谈谈“创”：面对浩瀚多彩的传统文化，习近平总书记高屋建瓴地提出了著名的“双创理论”：推动中华优秀传统文化创造性转化、创新性发展，继承革命文化，发展社会主义先进文化，不忘本来、吸收外来、面向未来，更好构筑中国精神、中国价值、中国力量，为人民提供精神指引。我们总结发现，灵山集团在过去的26年里，某种意义上就是在践行这样的创造理论，以创新方式让博物馆里的文物、广袤大地上的遗产、书写在古籍里的文字“活起来”，让中华文明同世界各国丰富多彩的文明一道，为人类文明的延续提供正确的精神指引和强大的精神动力。多年来，灵山人通过自己建设的文旅项目、主题景区，不断回应“双创理论”的倡导和理想。2010年，灵山人第一次踏上尼山景区，用6年时间打造崭新的尼山圣境。实践证明，“创意、创新、创造”是灵山集团深耕文旅的根本之道。

什么是“创意”。依据历史资源，立足文脉，超越时空，在现代社会的环境中长出经济之叶，开出旅游之花，结出文化之果。“激活历史，引领未来”，这是我们对“创意”的理解。

什么是“创新”。就是“追求独特”。“人无我有”谓之独，“人有我精”谓之特，“追求与众不同的独特、保持卓尔不群的建树”，这是创新的灵魂，也是灵山人在打造文旅作品过程中不变的追求。

什么是“创造”。我们希望所有灵山产品都是中国当代精品、未来优秀的文化遗产。不少业内专家也同样对我们提出了创造未来遗产、创建历史新里程碑的目标和愿景。不难发现，灵山集团在不同时期的作品都有一个共同的特点：可以被模仿但不易被跟进，可以被超越但无法被取代，因为灵山集团的每个作品都是在向文化创新致敬。

第二个字是“美”。文旅项目的核心基因就是向美而生，灵山集团一直坚持文化美学的初心。用木心先生的话来说：“没有审美力是绝症，知识也解救不了。”所以灵山一直是美好生活的创造者、倡导者和践行者。我们希望在文化旅游项目中用建筑之美、艺术之美、景观之美、体验之美打造属于我们中国特色独有的文化旅游主题景区。

在建筑之美中，灵山人擅长把自然山水、历史文脉通过建筑的语言进行再解读，带给广大游客直观的心灵震撼。例如，灵山梵宫是一个西方的建筑语言，是通过植入了东方文化元素所创造出来的差异化作品。拈花湾则是一个新项目、新产品，它没有梵宫这样壮美的建设，但它却是一个很好的休闲度假空间，体现的是唐风建筑的风貌。大学堂是我们在尼山的建筑，我们把宫殿气象与当代建筑艺术特点相结合，再进行一些演化，创造出了独具特色的大学堂。

艺术之美。我们的文旅项目始终坚持传承并活化中国优秀非遗艺术瑰宝，例如我们在梵宫大面积使用东阳木雕，堪称精美绝伦。同时，我们还把山西的泥塑艺术进行了更新再造，形成了一个很好的艺术空间。

景观之美。在灵山的作品里面，山水有格，无处不是景，“大”有气势，“小”具极致。今年 4 月，拈花湾一个新的景观作品“微笑广场”诞生了。其核心雕塑是西方艺术家塔玛拉女士的杰出作品，我们把她的现代艺术作品和中国山水园林气象相结合，进行融合和创造，使它更富有艺术美。

体验之美。一直以来，我们都在文旅项目中布局丰富多彩的演艺项目，因为我们认为演出是承载和表达文化的重要手段。

最后，支撑灵山人做重资产探索的动力就是“情”。大投资、长时间、耗精力，如果没有绝对的情怀和激情，灵山之路很难坚持走下去。因此，我们认为，没有情怀做不久产品，没有激情做不好产品。正是拥有了这种情怀和激情，使我们能够一直高举旗帜，立足根基，坚守文旅阵地，守住品质底线，为未来留下更多的好产品、好作品。

轻资产输出方面，灵山集团正在努力打造两个生态圈。第一，文旅＋产业生态圈。让我们的产品和大健康、大娱乐相结合，提升我们的文旅品牌价值，为新经济赋能。第二，做文旅全产业链生态圈，从一个项目的创意策划到规划设计和投入建设，再到最后运营，我们做的是整个产业链的集中驱动。

下面，介绍一下灵山集团未来输出的核心能力。

第一，文旅产品研发能力。我们擅长把中国大地上各个不同区域、不同城市、不同文化的内涵进行二次解读，通过文旅化的解读打造独特的文旅 IP，然后运用我们的专业团队对这个 IP 进行创意、设计和规划，让项目落地。

第二，精品文旅项目的实现能力。从项目整体规划和策划，到建筑风貌的所有细节，再到每一个艺术品的设计和打造，灵山人都追求精雕细琢、精益求精。同时，我们还紧跟时代，灵山的每一个作品都不会单一重复，我们会在每一个新的产品中力求创新和突破，比如，拈花湾再好，我们也不会再“复制”一个拈花湾，因为每个产品都有自己的属性，都是一个单独的项目体系。

第三，贯穿始终的项目运营能力。一个产品除了建设得好、策划得好，还得运营得好。灵山集团把 26 年经营管理景区过程中的所有环节标准输入到建设过程，以运营者的身份切入项目前期的开发，以经营者的立场强化建设的需求和实施的效果，以此保证项目在资源整合和调度控制的过程中，实现时间和效率、品质和投资的良好均衡。

第四，项目运营期产品营管能力。简单来讲，我们有自主的管理团队，覆盖了文旅各个产业环节。例如商业、酒店管理、景区运营、演艺效果策划运营、建设开发等。

总体来讲，目前灵山集团可以输出的成果有拈花系和胜境系的品牌矩阵、项目系统投建运的人才团队、项目开发运营全产业链体系、项目开发运营高品质标准。

举例来说，经过 7 年的努力打造而成的陕西汉中兴汉胜境，其创意建设全程由我们进行开发，2019 年建成现在大家所能看到的兴汉胜境景区，目前这个景区被评为 4A 级景区，也是我们第一个全产业链输出的项目。

在我们现有 6 个项目对外输出的基础上，我们把自己的产业链服务模式进行了提炼。使我们在轻资产过程中可以做到文化总领、设计总控、运营贯穿、效益落地的整体开发模式。核心是三个阶段，项目开发、交钥匙工程、后期运营，我们所有项目都是通过这三个流程落地的。

正因为灵山集团能做到环环相接、步步管控，这才能确保了文化策划精髓能够落位到规划，规划的成果能够落位到设计，设计的成果最终以 100% 甚至 200% 的效果落位到呈现。文旅项目讲究效益，最终的效益将通过上述种种的顶层设计和提前谋划，体现在项目建成时，同时，运营同步衔接成功。这是我们对自己体系的总结。下面把灵山集团正在做的大项目简要做个罗列。

在宜兴，我们布局了“文旅 + 健康”的大拈花湾项目；在南京，中国文旅小镇新典范——金陵小镇一期项目粗具规模；在烟台，芝罘仙境项目致力于打造中国海岛游标杆作品；在曲阜，尼山二期项目正朝“文旅 + 教育”产业链方向大步迈进。

伴随中国文化旅游行业的发展，灵山集团作为一家文旅企业，正在不断摸索前行，在这个过程中，我们拥有了一些成功的经验和心得体会。未来，我们希望和在座的各位一起书写神州大地上的“诗和远方”，这既是我们文旅人的使命，也是我们文旅人的挑战。

我坚信，通过在座各位的共同努力，文旅行业一定能迎来更加美好的未来。

国际特大型主题公园对城市发展的积极影响

首旅集团副总裁、首寰公司总经理　于学忠

尊敬的各位领导、各位来宾，女士们、先生们：

大家好，很荣幸应邀参加“2020 中国休闲度假大会”。近年来，我与我的团队一直参与北京环球影城主题公园及度假区项目的筹建工作，从项目立项、规划设计，到场地形成工程，再到主体工程建设。该项目于 2013 年在国务院获得批文，2014 年 9 月国家发改委正式批准，2015 年开始进行土地的整理，2018 年开始主体工程建设，目前主体工程已完工，进入安装调试阶段，为明年开园运营做好充分的准备。

项目总体规划占地 4 平方公里，未来园区内将有三期主题公园，目前的开发包含一期主题公园的七大景区、20 多个旅游景点项目、两个酒店、一个商业街和零售餐饮等。

北京环球度假区的项目从 2001 年由首旅集团段强同志提出，到明年开园一共历经 20 年，终于即将投入运营。在项目的投入大概在 400 多亿元，土地及其相关投入超过 600 亿元。北京市政府为该项目做了相关配套，比如地铁、高速公路、新建立交桥等，投入超过 500 亿元。截止到明年开园，政府以及企业的投资将超过 1000 亿元，对区域的带动作用是巨大的。

以上为北京环球度假区的基本情况，在推进项目建设的同时，我们也一直在研究主题公园与所在城市之间的关系，即如何更好地依托城市发展项目、如何更好地依托项目发展城市。全球各地的特大型主题公园，都要依托一个经济比较发达并具有足够人口流量的城市，以我们熟悉的亚洲地区为例，东京迪士尼，大阪环球影城，中国香港迪士尼，新加坡环球影城，以及我们本土的上海迪士尼、北京环球影城都可以很好地证明这一点。同时，主题公园的带动效应、溢出效应也为所在城市带来了深远的、积极的影响。以美国奥兰多为例，该市依托主题公园由一个农业城市成功转型为“世界主题乐园之都”。这其中有很多值得我们学习借鉴的宝贵经验。

主题公园作为休闲度假行业的重要业态，在我国休闲度假行业的发展中占有举足轻重的地位。针对今天大会的主题“休闲：美好生活新选择”，结合多年环球项目实践经验，我谈一下“国际特大型主题公园对城市发展的积极影响”。

一、国际特大型主题公园对城市产业发展的带动作用巨大

1. 主题公园是“文化 + 旅游”产业融合发展的生动实践，是文化创意、交流的产业平台，对城市文创产业具有明显的带动效应

以迪士尼、环球影城为代表的国际一流的特大型主题公园，其突出特色在于鲜明的主题性。“主题”的内核是文化，主题公园是以文创知识产权（IP）为核心的复合型产业链中的重要一环，体现的是“文化 + 旅游”的产业融合、相互赋能的创新发展模式。主题公园的落地将会促进“文化 +”相关产业的融合创新。如：日本大阪的环球影城主题公园与日本本土文创 IP 进行了深度的创新融合，将本土 IP 转化为主题景区，并开发了系列季节性活动，吸引了全球游客到访，激发了本土高频消费，实现了本土文化与环球商业模式融合发展的“双赢”。

所以我们看到投资主题公园，平衡文化事业、文化产业、文化创意很重要。文化事业我个人认为是政府主导，文化产业更多的是按照市场经济来投资和收益，文化创意的核心不是有形的生产要素，而是需要用人的智慧来做。文化创意产业事关我们文化产业，事关文化教育方式的转变，事关文化输出。

北京环球项目也在着力探索经典环球主题与中华文化元素的深度融合发展，运用国际标准、国际化表达方式在项目中融入、呈现中华文化元素，弘扬

博大精深的优秀传统文化，并将围绕主题公园形成产业链联动，彰显文化自信、赋能文旅产业。

2. 主题公园是“文化 + 科技”融合发展的技术密集型产业，大量高精尖科技的创新应用，促进了相关科技创新产业发展

特大型主题公园是“文化 + 科技 + 体验”的结合体，文化创意与科技进步相互融合发展，给游客带来全新的、颠覆性的沉浸式体验，极大地提高了核心竞争力。特大型主题公园的落地会带动相关游客体验技术的研发与集聚，形成高精尖产业集群和产业高地。

北京环球影城主题公园在景点中大量应用立体影像、动感仿真、机器人等科技，在运营管理中会大量运用大数据、云计算、物联网等科技，借助前沿科技打造独特游览体验。随着环球项目的落地，必会带动与游客体验相关的科技产业的集聚与发展，助力北京经济结构的优化与产业结构的升级。

主题公园和科技的关系非常紧密，现在我们已经从国外引进大型主题公园，下一步要考虑我们如何借鉴学习、消化、吸收，在他们的基础上进一步去创新发展，怎么样能够实现弯道超车，这将是中国主题公园界要研究的课题。

二、国际特大型主题公园对区域经济发展的促进作用明显

1. 主题公园连接着一系列相关产业，形成产业链、产业环，带动区域经济升级发展

特大型主题公园与传统的旅游项目不同，它需要一个高度集约化的产业链模式去开发、运营。主题公园的上游连接着文学、电影、动漫产业，其下游连接着衍生品、游戏等产业。除此之外，其横向还延伸到餐饮、住宿、零售、商业、会展、教育培训等产业。因此，特大型主题公园的落地会展现其显著的产业链整合提升效应。美国奥兰多作为世界级休闲度假城市，以主题公园为支柱产业，极大带动了当地零售、餐饮、酒店等面向游客的旅游服务产业发展，营造了奥兰多整个城市的休闲度假氛围，同时还带动了当地高端制造、清洁能

源、总部经济、会议会展、数字媒体、电影电视制作等一系列相关产业。我们通过大数据研究分析发现，上海迪士尼乐园开园后，上海的零售、住宿、餐饮、总部经济、信息技术等行业有了显著的发展。特别是餐饮行业，不仅实现了翻倍的行业增长，还带动了从传统餐饮向主题式、体验式餐饮的产业转型升级。

由此，我们认为北京环球影城主题公园在建设过程中与开园运营后必将带动整个产业链协同发展，展现高端现代服务业多层次、复合式、一站式发展的特征，带动区域文旅产业创新发展。

2. 主题公园具有显著的产业集聚与整合提升效用，会大力提升区域发展水平与核心竞争力，实现以产带城、产城联动

特大型主题公园的落地会有力带动当地基础设施的完善与产业结构的升级，提升所在城市的竞争力。

纵观全球特大型主题公园和城市之间的空间距离，北京环球项目是唯一坐落在城市中心的大型文旅项目，产业和城市联动发展的优势更加突出。北京市政府为环球项目的落户投入几百亿元，来改造升级区域交通与市政基础设施。基础设施的提升和环境的改善不但服务于环球项目，更会长久服务于整个区域，带动整片区域的发展，提升北京城市副中心的竞争力。除故宫、长城等世界知名旅游景点外，北京环球旅游度假区未来也必将成为北京旅游的新地标。

3. 主题公园作为休闲度假消费的重要品类，满足了游客和城市居民休闲度假需求，对促进城市消费升级具有重要作用

特大型主题公园的落位带动了所在城市休闲度假及商业零售、酒店餐饮等行业共同发展，构建了休闲度假氛围，满足了游客和城市居民对于休闲度假的高品质需求，成为游客的热门到访目的地，及本地居民休闲的重要场所。这对所在城市促进消费增长和消费升级具有积极意义。

三、国际特大型主题公园的引进能够满足旅游市场新需求

1. 大型主题公园的发展契合当前我国社会主要矛盾的变化

十九大报告中明确提出我国社会主要矛盾是人民日益增长的美好生活需要和不平衡不充分的发展之间的矛盾。随着人民生活水平显著提高，消费结构持续优化升级，已从数量满足型转向追求质量型，人民对美好生活的需要也已从物质文化生活领域拓展到政治、社会、生态环境等各领域。推动引进和发展特大型主题公园，可以推动旅游业显著提高产品和服务质量，满足人民群众多样化、个性化、不断升级的旅游消费需求，使生活品质不断提高。

2. 大型主题公园丰富了旅游市场需求端的个性化选择

随着经济发展和生活水平的提高，人们对精神文化的需求进一步上升，旅游成为人们的基本生活方式。传统观光旅游、度假旅游已不能满足旅游者的需求，个性化、自由化、沉浸式体验成为新的趋势，各种内容丰富、新颖独特的旅游方式和旅游项目应运而生，主题公园就是最重要的代表之一。

中国的主题公园在过去得到了前所未有的飞速发展，主题公园市场不断扩大，游客总量大幅增加，产品和服务品质不断提升。除引进的迪士尼、环球影城外，还造就了一批有一定实力的本土主题公园品牌和企业，极大地丰富了旅游产品、服务市场供给，满足了国内旅游市场的个性化需求。

3. 大型主题公园的发展将成为经济内循环的担当

今年以来，疫情对全球经济造成重创，再加上中美贸易摩擦等外部不确定因素的增加，所以中央提出应立足于形成以国内大循环为主，构建国内国际双循环相互促进的新发展格局。经济内循环就是要想办法激发国内消费，将消费的着力点和兴趣点吸引到国内消费市场上来，让激发内需活力成为带动中国经济增长的新引擎。启动经济内循环的重点就是要放在与民众息息相关的民生产业领域，主要是衣食住行产业、医疗保健产业，特别是事关提高民众幸福指数的旅游文化产业领域。

后疫情时代，“危”与“机”并存。大型主题公园的机会在于：中国是全

球最大的旅游市场，需求巨大；主题公园产品可以满足入境、出境游的高端需求；大型主题公园布局在人口密集的发达地区，对旅游市场带动示范作用巨大。后疫情时代，主题公园应紧抓机遇，利用好政府扶持政策，着力提升产品和服务品质，努力成为旅游业承担经济内循环的主力军。

四、国际特大型主题公园将培养一大批主题娱乐专业人才

主题公园是一个人力资本密集的产业，需要大量的经过良好培训的专业人才，会大力拉动就业，提升专业人才素质。特大型主题公园的落地，不仅会产生大量的园区内就业岗位，也间接带动周边相关产业就业岗位的扩大提升，而且会培养造就出高标准、国际水平的专业人才与管理人才。据统计，随着主题娱乐相关产业的发展，奥兰多 6 年就新增了近 25 万个就业岗位。据预测，北京环球项目全面运营后，可以直接带来 1 万多个就业岗位，项目建设运营期间间接创造近 10 万个就业机会。项目还将引进环球现有的一整套人力资源培训、管理体系，培养世界标准的主题公园及度假区的管理、运营人才，从而大大改善、提升我国相关行业运营管理人才的平均水平。

特大型主题公园的落位为城市和产业带来新的发展机遇，形成产业、城市、人之间充满活力、欣欣向荣的发展格局。尽管疫情对文旅行业带来了不小的打击，但越是遇到挑战，就越需要我们静下心来反思我们与国际一流的差距，越需要我们通过创新推进行业发展。我相信后疫情时期的主题公园必将在国内文旅产业及城市发展中，扮演更重要的角色。

最后，我代表首旅集团、首寰公司希望与各位业界朋友共同努力，构建我国文旅产业高质量发展的新未来。同时诚挚地邀请大家在明年北京环球度假区开园后，能到主题公园内旅游、体验。再次感谢大会的邀请，预祝本次大会圆满成功，谢谢大家！

博物休闲　志存高远

建川博物馆馆长　樊建川

在20年前人们旅游看山、看水、看草原、看海滩，甚至刚才首旅这位老总说看游乐园。20年前我上了富豪榜，后来就开始做博物馆，朋友说你建博物馆不是找死吗？后来没有想到，我们博物馆今天已经有了50多个馆，现在又签了100多个，预计在未来的7到8年估计能建到150个，是中国最大的私人博物馆群。

我是山西人，当过知青、当过兵，也当过老师，在第三军医大学教过书，在宜宾市当过官员，后来下海用了10年时间进入了中国富豪榜。当官的时候没有贪污，当老板没有偷税、漏税，算一个正儿八经的商人。

成都的建川博物馆占地500亩，拥有藏品800多万件，其中国家珍贵文物4790件。现已建成抗战、民俗、红色年代、抗震救灾四大系列32个场馆，是目前国内民间资本投入最多、建设规模和展览面积最大，收藏内容最丰富的民间博物馆。

我在重庆的分馆已经开放了10个馆。在宜宾李庄古镇做了6个馆。我认为做一个馆，两个馆，甚至在宜宾做6个馆都很难活下去。一个地方做博物馆应不低于10个不同主题的馆，它才有存活的基础。

我现在自己管理的就两块，一个是成都建川博物馆有32个博物馆是自己的团队在管，重庆有10个馆也是我们的团队在管，重庆博物馆比较小，重庆我们马上还要建20多个馆。

我们建成了一个博物馆聚落，这个聚落花了17年时间。2003年我跟政府说我要500亩地建博物馆，说建博物馆是做好事，你能不能划拨土地给我。我记得都江堰的主要领导说，你是房地产开发商，我们都江堰市文化局建博物馆只给20亩地，你为什么要500亩地，你肯定20亩地建博物馆，480亩建房地产开发，就没有给我地。后来我去过北京、也去过上海、去过重庆。安仁镇这一块地是我买下的500亩商业用地，当时买的时候是一个荒滩，老百姓拆迁的时候把树都砍了，就是这样开始艰苦建设的。

博物馆大门的碉堡是从天津拉回来的日本人建的50吨碉堡。我从天津路过的时候，老百姓正在砸，我说你们砸它干什么？他们说砸钢筋卖，我说你们砸了半天能卖多少钱？他们说能卖两三千，我说我给你们8万，那是20世纪90年代，老百姓高兴极了，给我拉到四川。后来引起天津市的重视，天津市文化局局长说幸好你把这个买了，我们现在把碉堡全部标了号，作为文物保护起来了。

博物馆的建筑都是请的大师，比如共产党抗战馆，我请的是上海世博会的总设计师邢同和院士来做的。援华美军馆请的美国建筑协会的主席设计的。战俘馆是程泰宁院士给我们设计的，日本人杀了我们100多万战俘。川军抗战馆请的徐尚志大师。日本侵华罪行馆是矶崎新大师设计的。老兵手印广场，目前有7440个抗战老兵的手印，这些留过手印的老兵现在还健在的不到300人了。我做在玻璃上排山倒海的都是他们的右手，就是他们挡住了日本人，也有老兵上的左手，因为他们右手被日本人砍掉了，也有的老人只有一两个手指头，还有两三个手印是老兵在太平间我们去拓印的。

壮士广场是按中国地图来布局的，每个壮士站在自己牺牲或者当年守卫打仗的地方。中国人都站在一起了，我们的国家才有希望。后来我做了一个援华义士广场，就是帮助过我们的外国人，比如美国的陈纳德、史迪威，德国的拉贝，还有苏联的、韩国的等帮助过中国人的国际友人。

红色年代系列讲的是中华人民共和国成立后前30年的内容，比如知青馆，大家知道“文革”是1966年到1976年，知青是1953到1980年，说知青是“文革”的产物那肯定是错误的。这么多年，我坚持的两个事情坚持对了，一是坚持前30年是一个整体，二是坚持抗战是14年，从1931年到1945年。

红色年代瓷器馆有8万件瓷器，新中国前30年的瓷器集中在这里。还有生活用品馆、章钟印陈列馆等。红色年代镜面馆是设计鸟巢的中方总设计师李兴刚给我们设计的。知青生活馆是设计毛主席纪念馆的马国馨给设计的。

航空三线建设博物馆，我现在收藏了20多架飞机。这是轰炸机轰5，我有轰5、直5、歼8等一系列。老公馆家具馆的这套家具是毛泽东用过的，刘文辉将军旧居陈列馆也是我们做的。地震系列共有4座博物馆，汶川大地震国家文物局只评了10件国家一级文物，无一例外全部在这里。

猪坚强之家，猪坚强现在已经13岁半了，如果用人的生命来换算它差不多已经90多岁了。我没有给它喂饲料，喂的天然食品，它现在走路很恼火，想要看到它的真身，你们要抓紧一点，我估计这个冬天能挺过来已经很不错了。（猪坚强于2021年6月16日晚离世）

长征纪念馆，我在巴中建了一个红四方面军的，在磨西镇又建了一个红一方面军的，还有一个红二方面军的，是建在乡城县。在建川博物馆有一个“红军长征在四川”纪念馆，反映了三个方面军的长征。

改革开放馆建议大家去看一看，从1978年走进去，从2018年走出去，一年一个小展厅，一共40个展厅。我们去年在澳门还做了一个新中国成立七十年的展览。

我们重庆博物馆是山洞博物馆，抗战的时候兵工厂迁到重庆，日本人炸它。当年兵工厂生产步枪的山洞，当年有100多个洞，现在只有50个洞，这些洞当时堆着垃圾，全部是苍蝇、老鼠、蛇。我后来用10个月的时间建成10个主题馆，用了50个洞。后来国家文物局局长来看了我们的馆后特别高兴。全世界最大的洞穴博物馆群，用了50个山洞建了10个博物馆，问题是太潮湿我们正在做文物保护工作，好处就是冬暖夏凉。

我们最近的发展是在广东佛山签了100个馆，已经签了协议。大家说你干20年才建50个馆，你现在敢建100个馆，肯定是吹牛。我们的库房有100吨文字资料，电影胶片40多吨，我的核心是文物，并不是我的土地和建筑。我这次广东签的100个馆就是新中国百年百馆，从1949年开始，一年一个馆，一直到2049年不就是100个馆吗？ 2049年我就92岁了，我估计我活不到

100 岁，没有关系，我活到 80 多岁就是 90 多个馆了。

中国海军 166 号驱逐舰，现在已经正式交给我们，我拖到重庆运费花了 500 万元，我会建一个海军博物馆，这个军舰估计在 10 月 10 日能到重庆。后年我会拿到一个潜水艇，这样就能形成一个完整的海军博物馆。（166 号驱逐舰已于 2021 年 7 月 1 日对外开放）

现在我也有大量的电影收藏，有 40 吨电影拷贝，有 500 到 600 台电影放映机，电影文物有 50 万件。我把电影博物馆拆成 16 个馆，故事篇馆带体验，儿童篇馆带游乐，16 个馆带 16 个产业链条，这样肯定能活下去。

我做博物馆 20 年摸索出 4 条经验：

第一，规模要大。参观过重庆建川博物馆的观众都会有这样的感受：8 个博物馆，至少需要一天才能看完；而到了位于成都大邑安仁镇的建川博物馆聚落，参观完则至少需要 3 天。

第二，文物要多。建川博物馆的珍贵文物达到 4790 件。文物是一座博物馆的根本所在，很多博物馆过于考虑形式，让博物馆很花哨、炫目，但我认为，这是短暂的，关键的还是文物。做文博产业，要用文物说话，文物里一定要有第一。

第三，题材要好。在博物馆的定位上要有独一无二的题材，不做一流，只做第一。有了“第一”，就不会担心吸引不来观众。博物馆的特色会给观众带来不同的参观体验。这种独特性就是一种首创精神，其中蕴含着独特的文物收藏和鉴赏能力。

第四，选址要巧。在打造文旅项目时，不妨合理利用老建筑、老厂房，化腐朽为神奇。重庆建川博物馆就这样一个典型案例。我们用了 10 个月，在防空洞中打造了 8 个博物馆，开馆一年接待游客近 110 万人次，效果很好。

2007 年我把我的土地进行了公证，捐赠给了成都政府。我希望我有生之年能够建到 150 个馆。老外说你们的企业短命，日本类似的企业长寿。我说我们四川一个国有企业，都江堰管理公司活了 2000 多年，还有武侯祠 1780 年，杜甫草堂也是 1000 年，希望建川博物馆捐给国家也能活 1000 年，谢谢！

圆桌论坛：休闲度假新业态、新模式

主持人：北京第二外国语学院教授、博士生导师厉新建

对话嘉宾：

珠海大横琴集团有限公司副总经理祝杰

北京良辰光启旅游文化有限公司执行总裁葛宇菁

北京体育大学体育休闲与旅游学院教授蒋依依

中恒山海文旅集团董事长杨诚成

厉新建：在座的各位已经听了一天的会了，相信都收获满满。在当前休闲度假发展的过程中，随着形势的变化、环境的变化、目标的变化、战略的变化，企业需要变、产品需要变、业态需要变，模式也需要相应地变化。下面主要围绕休闲度假新业态和新模式跟大家做交流和分享。

首先要问祝总，他来自大横琴集团，大家都知道粤港澳大湾区是我们国家战略的重点，国家对横琴的定位是国际休闲旅游岛。大横琴集团作为横琴新区休闲度假板块的龙头企业，你们对于休闲度假创新有什么新的思路、新的观点？

祝杰：谢谢厉老师。我来自广东珠海横琴，2009 年 8 月，国务院正式批准实施《横琴总体发展规划》，12 月，横琴新区正式挂牌成立。横琴有三个标签：第一，横琴是继上海浦东和天津滨海之后的第三个国家级新区；第二，横琴享受自贸区政策，2015 年 4 月，中国（广东）自由贸易试验区珠海横琴新区片区正式挂牌成立，横琴成为广东自贸区的三个片区之一；第三，横琴是国际休闲旅游岛，2019 年国务院批复了《横琴国际休闲旅游岛建设方案》，把横

琴定义为促进澳门经济适度多元发展新载体、国际一流休闲旅游基地和国家全域旅游示范区。

在休闲度假新业态、新模式方面，大横琴集团作为一家国有企业，为助力横琴国际休闲旅游岛的建设，促进澳门经济适度多元发展，在文旅会展商贸板块做了战略布局，也进行了有益的探索和尝试。讲到横琴，大家首先会想到横琴的长隆，长隆海洋王国是横琴文旅的代表性项目，2019 年接待了约 1500 万人次游客。与横琴一河之隔的澳门，2019 年接待游客约 3940 万人次。依托这巨大的流量，坐落在横琴新区的星乐度 · 露营小镇是大横琴集团休闲度假板块的重点产品，也是疫情期间助力旅游行业回暖的主要发力点。经过今年的探索，大横琴集团有一些做法、尝试跟各位汇报和介绍。

受疫情影响，今年文旅行业受到断崖式的冲击。今年 3 月，星乐度 · 露营小镇开始复工复产。在“五一”“端午”小长假和暑期中，星乐度 · 露营小镇交出了一份特别亮眼的成绩单——全部特色住宿几乎天天爆满，一房难求，7、8 月份星乐度 · 露营小镇平均客房入住率达到 90% 以上。节假日及周末时段，在疫情防控常态化条件下，乐园板块日均入园人数也能达到总容量的近 50%。

自疫情发生以来，星乐度 · 露营小镇在疫情防控、复工复产等方面获得中央及省市媒体的多次报道，《人民日报》、新华社、中央电视台等媒体都有对我们的专题报道。截至今年 7 月底，在主流媒体上已有 2583 篇关于星乐度 · 露营小镇的报道文章，获得了《人民日报》、新华社、中央电视台、中新社、《环球时报》、《南方日报》、《羊城晚报》、《广州日报》、《澳门日报》、《香港商报》、《珠海特区报》等国家、省、市及港澳媒体，和大量网络媒体、新媒体大号的广泛关注和报道。其中，上半年三次登上中央电视台，在行业、媒体和消费者端均保持了较高的声量和关注度。

部分行业的大咖也对星乐度 · 露营小镇高度评价。魏小安老师曾形容星乐度 · 露营小镇是“全国最好的露营地，没有之一”，“是粤港澳大湾区旅游休闲的门户项目”。携程联合创始人、董事局主席梁建章先生曾两次到横琴做线上直播活动，在实地体验过星乐度 · 露营小镇项目后，他说：“这是我觉得最童趣，也是我觉得最棒的、体验过最好的露营小镇和露营酒店。”他称赞星乐度·露营小镇“特别好玩，活动非常丰富，适合各个年龄段的小朋友”，同时表示星乐度·露营小镇是“携程所有用户评选出的最佳的‘全国十佳亲子酒店’”。知名财经作家吴晓波先生也高度评价星乐度·露营小镇，他说：“横琴星乐度·露营小镇通过新的商业模式和变革，正在探索一个全新的休闲服务模式。在疫情的背景下，全国各地的旅游项目都面临新的挑战，我们在星乐度项目上，看到了探索的勇气和可能性。”

星乐度·露营小镇项目紧扣休闲的主题，以“露营＋乐园”为概念，秉承“Hope（希望）、Happiness（幸福）、Health（健康）”的3H理念。我们倡导“满怀希望、拥抱幸福、收获健康”的生活方式、致力于打造一个健康、安全、欢乐的休闲度假精品项目。今年我们一直倡导“健康＋旅游”的概念，努力提供“健康中国”的横琴样本。

在“后疫情时代”，人们的旅游出行观念发生变化，兼具休闲、康养、生态、亲情陪伴属性的旅行度假目的地成为热门。星乐度·露营小镇的发展优势得到彰显，以星乐度·露营小镇为代表的房车露营休闲度假模式展露出无穷的发展潜力。

一方面，房车露营地有低密度、大庭院、全户外的环境优势。露营地住宿减少了酒店住宿的聚集，并且是独门独户，拥有独立的、较大的自然空间，符合人们对疫情后户外运动“小聚集、大空间”的新需求，是“健康旅游”的极佳载体。

另一方面，房车露营地体现了旅游中的情感认同。我们认为，自驾游、短途游、本地游、周边游正在成为休闲旅游方式的主流。珠海的周边地区，如深圳、广州、佛山、东莞等，尽管我们没有投放广告，但经常在星乐度·露营小镇园区里看到来自周边城市的车牌，特别是中高等收入的家庭群体，他们慕名而来。

星乐度·露营小镇致力于为游客提供远离城市喧嚣、探索自然野趣的休闲度假产品，让游客获得身心的愉悦与精神上的放松，做到真正的休心、舒心、悦心和养心，这是我们与其他不同类型旅游产品的差异。

厉新建：从经济发展意义上，我们可以看到横琴的重要性。但是在文旅发展过程当中，很多人可能只知有长隆、不知有横琴。星乐度在改变这种认知中起到了很好的作用，相信大家在他的介绍当中感受到他们的创新。第一，他们在发展中意识到，需要有更多的宣传，但宣传需要费用，在没有费用或尽量少花钱办成事的过程当中，怎么用创新带动宣传很重要。第二，他们很好地发挥了名人效应带动宣传。第三，大家需要关注星乐度在发展过程当中，不是把星乐度看成一个具象的产品，而是“星乐度 +”，是做空间的概念。非常感谢祝总给我们提供很好的借鉴。

我们都知道，讲休闲度假发展的时候，不仅要做白天的文章，还要做夜间的文章。请葛总跟大家分享一下，你觉得我们在做夜间休闲方面要注意哪些东西，怎样才能把夜间休闲做好？下一步用什么样新的模式，值得我们去关注？跟我们分享一下。

葛宇菁：感谢厉老师，同时感谢组委会给予的机会。今天，就后疫情时代文旅行业的恢复和发展，我听了非常多的观点，受到非常多的启发。我们也注意到，当前，夜游产品正在成为新兴的、高质量的旅游产品，使很多老景区焕发了新魅力，让很多市民公园成为旅游新地标。

良辰光启，这家文旅公司从光科技公司脱胎而来，专注于夜间旅游的开发和运营，在光科技方面有着很长的发展历史。公司自成立以来，一直践行“光影让生活更美好”的理念，以光影创意科技为业务核心，构建“创意 + 科技 + 金融”生态体系，已经建设成为高新技术企业、中国优秀的光影文旅服务商，成功打造出延安宝塔山红色光影秀、温州塘河夜画、温州瓯江光影码头、光科技馆等一系列光影夜游标杆项目。

今年“十一”，我们还有三个重点项目将面向社会、面向旅游者推出。

第一，黄果树夜游项目。这是我们跟黄果树旅游集团合作的项目。通过夜游经营权的合作，我们将实现投资、建设、运营一体化。第二，黄鹤楼夜游项目。我们跟武汉旅投合作，把整个黄鹤楼园区作为背景，将黄鹤楼的文化和故事进行了现代化、科技化、艺术化的展现。第三，南京汤山矿坑实景电影，堪称全球首部光雕实景电影。

刚才主持人问到，当前发展中应该避免什么问题？

首先，现在夜经济几乎每个城市都在做，但前提是必须要避免光污染。因为旅游的发展，离不开科学地运用光，用好光科技，保护生态系统。不具备科技和文化含量的光，很可能会造成光污染，这是第一个要避免的。

其次，要避免低端产品的重复开发。我们看到，有的地方拉了几个灯带，就认为是搞夜间经济了，实际上这对当地的拉动作用非常有限。发展夜游经济，必须要对夜游产品进行再认识。夜游产品要适应旅游休闲回归城市周边的新方向，为旅游者、本地市民提供高质量的夜间休闲产品。

那么，现在要关注哪几种夜游产品形态？

第一，行进式光影演艺。例如，公司在温州打造的塘河夜画项目，游客在游船上，行进中一步一步感受当地历史和文化。这种行进式光影演艺，和黄鹤楼通过人的自然行走来实现行进类似。

第二，光影乐园。在北京玉渊潭公园，2020 年推出了一个新的夜游产品《万物生长》，这个园区由几十个装置组成，门票是 180 元，现在需要预约且到下一周才能看。可见，好的夜游产品是大众非常需要的。正如刚才很多专家提到的，打造夜游产品的核心在于，创新地利用高科技手段，以创意和文化为核心，打造全新的夜间旅游休闲体验。

厉新建：谢谢葛总，良辰光启是一个做光科技的公司，但这不简单只是点亮的问题，我们还需要控制光线，光线就是控制光的艺术，不是简单把空间搞得富丽堂皇就可以了，要避免光污染，在这当中要用好高科技，避免低品质。在发展的过程要避免静态化的展示，而要行进式的演艺。这些对旅游目的地的发展都非常重要，而且最后也讲到，怎么利用好城市空间做夜间经济，主城区空间做夜间经济时怎么样用艺术来点亮空间。很多时候讲到夜间经济在文旅方面关注的是旅游景点，怎么回归到主城区把光线艺术做好，对下一步业态发展非常重要。

下面的问题我想问一下蒋教授。因为她在北体大。我们也知道这次疫情的影响，让人们关注的焦点从室内空间转向室外空间，体育肯定是大家关注的焦点，当前在制定“十四五”规划的重要节点上，你能不能跟大家分享一下，你认为在“十四五”期间，做体育休闲的时候应该关注些什么东西？有哪些新的模式业态需要我们重点关注？

蒋依依：感谢组委会的邀请，非常感谢协会搭建的产学研交流平台，相信在座的每一位都从这样的平台当中受益良多。

先简单自我介绍一下，我是旅游领域的老兵，是体育旅游的新兵，2019年入职北京体育大学。我们做了一些体育与旅游融合的跨界尝试。2019年成立了体育旅游大数据实验室，并依托这个实验室发布了“十一”黄金周体育旅游线路大数据报告。2020年出版了国内首部体育旅游的绿皮书。

体育休闲是体育、休闲和多个产业融合的业态。面临的整体环境方面，在国家政策层面得到很大促进，地方政府也很重视；从资金流入看，目前资本非常关注体育休闲业态。从国家层面可以看到体育休闲和体育旅游发展频繁出现在全民健身等国家战略当中；地方层面，贵州省和海南省正在积极打造国家级体育旅游示范区。遂宁所在的四川省也非常重视体育与文旅产业的融合。从行业看，包括阿里巴巴等在线企业和地产头部企业都在纷纷布局体育休闲产业。我相信在整个政策环境的优化、文化的注入、科技的助力，甚至在整个国际关系的变化大背景下，体育休闲在“十四五”期间可能面临着全新的外部环境和内部条件。

所以在“十四五”期间体育休闲发展的重点领域需要关注以下几个方面：

第一，对于发展场景的关注。原来讲到体育，大家想到更多是体育场馆和体育赛事。真正参与到体育赛事的人很有限，从时间性来看非常短暂，要把非常态化的体育赛事转化成常态化的、可以日常消费的场景，我觉得这是需要关注的第一点。

第二，对健康的关注。各位嘉宾提到，无论疫情的影响还是中国所面临的老龄化趋势，都催生了大家对健康的关注和需求。所以如运动康复、健康养生等业态，未来会进一步受到资本和市场的欢迎。

第三，对于年青一代的关注。电竞已经被国际奥委会批准为运动项目。2021 年将在东京举办的奥运会上会出现新的比赛项目，比如滑板、冲浪、攀岩。这样的项目是国际奥委会在改革当中迎合年轻人的需要、让更多人参与奥运会的举措。这让我们更关注年轻人的需求。

第四，在政策上需要加大协同，需要引导资本注入。在座的企业家要打通体育事业和体育产业间的界限。现在体育事业的发展要重于产业发展，未来两者之间的界限需要尽量地模糊掉，要加大融合。体育休闲可能是一个小切口，但是我们需要以这个小切口做一个大融合。旅游文化体育等产业，可以通过跨界融合实现突破。在设施上需要有效利用好城市的金角银边加上农村的四荒地，同时辅之运动休闲特色小镇，形成点、线、面协同发展的立体空间格局。

最后，在公共服务上也需要加大统计力度，包括应用大数据等的方式，搞清楚体育休闲资源状况到底是什么、市场到底在哪里、市场需要什么，有了这些作为基础才能进一步促进产业持续、有机、向好地发展。

厉新建：谢谢蒋老师，涉及产品的转化和健康的关注。现在我们正在推进健康中国的发展战略，亚健康人群有更多养生需要。当“80 后”“90 后”，或者“95 后”“00 后”成为市场主流时，他们休闲体育的诉求是什么？我们应该怎么回应？同时她讲到体育产业属性的转型、跨界发展的问题，点、线、面协同的问题，怎么样更好发展的问题。这些观点有利于我们“十四五”期间休闲体育的更好发展。谢谢蒋教授。

下面想问一下杨总，你们来遂宁投资比较早，作为投资者和业主，你们怎么看待休闲度假发展趋势？当时为什么把这个项目放在遂宁这个地方？

杨诚成：首先非常感谢魏小安老师促成中国休闲度假大会在遂宁召开。自我介绍下，我来自中恒山海文旅集团，集团长期聚焦泛文旅产业建设，前几年，我们无意中在遂宁投了一个项目，从某种角度上，我们今天也是东道主之一，在这里诚挚地欢迎各位嘉宾的莅临。刚才主持人问我们当时为什么选择到遂宁，主要基于四点：

第一，历史背景和地理背景。大家知道，2013 年，在习近平总书记的倡导下，以古丝绸之路为原型的“一带一路”倡议被提出，“一带一路”让中国迎来了一个全新的发展机遇。“一带一路”提出后，我们国家无论从中央到省、到市、到县，大家都高度重视，在围绕“一带一路”倡议作融合发展的大文章。我们发现，“一带一路”倡议已深得人心，但是却缺少普及丝路文化、发展丝路旅游为宗旨，展现丝路沿线风土人情相关的文旅产品，作为一个文旅企业如何借势丝绸之路或者“一带一路”千年的大品牌，如果借好了，产品非常有亮点，也拥有广阔市场前景。经过找寻、对比，我们选择了“遂宁·大英”：①它作为成渝中心点，成渝 90 分钟旅游经济圈，区域优势明显；②大英卓筒井自古产盐，再由当年的“盐马古道—五尺道”运往丝绸之路的历史记忆，具有一定丝路历史渊源，如何让拥有度假产品打造的区位优势与地下古盐海资源的大英打造出差异化的旅游度假产品，使游客能在大英这个川中小城愿意来、留得住，让大英成为成渝两地度假游非去不可的地方成为摆在我们面前的一个机遇与挑战。

为此，通过多方整合，我们联手了“中国文化企业 30 强”——山水盛典股份、“中国旅游十强企业”——上海景域驴妈妈集团、“中国温泉上市第一股”——广东古兜旅游集团等多家国际旅游知名企业组成联合体，共同研发打造了极具丝路特色的 5A+ 沉浸式文化互动景区“丝路奇幻城”文旅项目。

第二，基于自然资源的相对优势。四川大英拥有地下不可复制的古盐海盐卤温泉资源。大约 1.5 亿年前，地球的两次造山运动在遂宁·大英地区形成了地下古盐湖盆地。独特的盐卤资源优势成为大英一大标志，过去，基于此开发过驰名中外的中国死海“水上漂浮”产品，经我们深度挖掘，通过物探发现大英盐卤、地热资源优势更为明显，更适合打造更具价值的温泉产品，形成别具一格的休闲康养度假胜地。

第三，这在很多区域是不可多得的人口基数优势。项目位于成渝地理中心，成渝 90 分钟旅游经济圈内，覆盖川渝 1.2 亿人口基数。川渝两地以“慢生活”著称，川渝周末游、度假客群异常庞大，我们涵盖了丰富的业态组合，弥补单一业态的缺陷，形成了全天候沉浸式体验氛围，势必吸引川渝游客，为项目带来高流量。

第四，遂宁市、大英县良好的政府营商环境也是重要因素。在整合几家企业落户时，市委市政府、县委县政府为帮助招商，书记、县长几次带队与我们一起下广东、到新疆、飞上海、到北京，不断与对方反复沟通交流，加速了项目落地。时刻想企业之所想，第一时间解决企业实际问题。中恒山海在青海、河南、山东、湖北等省份都有投资文旅项目。遂宁、大英良好的营商环境让我记忆深刻，也非常感谢遂宁市、大英县的高度重视与大力支持。

厉新建：谢谢杨总，讲到投资我们需要关注这个地方的资源禀赋，需要关注到这个地方人文内涵的依托，需要关注这个地方的市场人口，关注这个地方政府所能够提供的营商环境。只有这些综合在一起，才能利用好趋势的变化，把我们的投资、资金、资本跟当地的资源做更好的结合，创新出更好的休闲度假产品，非常感谢杨总。

因为时间关系我们就不可能再往下探讨。最后大家做一个判断，你对未来“十四五”期间休闲度假的发展，有什么寄语或者简单的判断？

祝杰：我个人坚信，休闲度假让生活更美好。

葛宇菁：现在的夜间文旅才刚刚长成，但是我们相信未来的五年里，夜间文旅会成为一个独立的产品体系，为旅游者做出更大贡献。

蒋依依：根据国家体育总局和原国家旅游局做的体育旅游规划，到 2020 年年底，体育旅游的总人数会达到 10 亿人次。体育旅游产值会达到万亿元规模。希望到“十四五”这两个数据都能翻番。

杨诚成：现在的旅游度假已经从以前单一的旅游景点观光、门票式的经典收费方式过渡到度假、夜游全业态、多产品的综合度假区。我们很荣幸中恒山海能在最好的时代，也赶上大遂宁大力发展旅游，大力发展休闲度假这样一个好的契机。我们希望能够与遂宁在文旅方面一道成长，借助遂宁本次中国休闲度假大会，中恒山海诚挚邀请与会嘉宾能来到遂宁，来到丝路奇幻城，给予指导、共谋发展，让我们一起“扬中国之美，创东方传奇”。

厉新建：谢谢四位嘉宾，他们在上台之前都做了非常好的准备。因为时间关系，今天沙龙板块到此为止。谢谢大家！

蓝皮书

报告篇 02

2020中国休闲产业趋势展望报告

中国旅游协会休闲度假分会秘书长、北京联合大学中国旅游经济与政策研究中心主任　曾博伟

序言

2020年年初，突如其来的新冠肺炎疫情给中国经济社会发展和休闲产业发展造成了巨大冲击。据国家统计局初步核算，2020年上半年，中国国内生产总值（GDP）同比下降1.6%，其中第一产业增加值增加0.9%，第二产业增加值下降1.9%、第三产业增加值下降1.6%。与此同时，自疫情发生以来，餐饮住宿、市场购物、旅游文化等聚集性、接触式行业受冲击较大，传统消费和产业活动大幅收缩。上半年，批发和零售业、住宿和餐饮业增加值同比分别下降8.1%、26.8%。

虽然新冠疫情对休闲产业发展造成了负面影响，对城乡居民短期的消费形成一定程度的抑制，但我们认为，从长期来看，伴随改革开放40多年中国经济社会的持续发展，以及中国城乡居民收入水平的稳步增长、闲暇时间的不断增加，人民群众追求美好生活的愿望依然强烈，作为美好生活“新刚需”的休闲度假并不会因疫情冲击而衰退，反而会在疫情之下释放更大的发展潜力，获得更多的发展空间。与此同时，休闲度假作为高频次、低密度的消费模式，将成为疫情之下旅游业发展的“定心丸”和“基本盘”，也将成为未来一段时间旅游业转型的“引爆点”和“先行者”，并将成为各级政府稳就业、保民生、扩消费、促增长的重要力量。可以说，尽管新冠疫情成为影响当前休闲产业的

最大灾害，但同时也给未来休闲产业发展和变革创造了最大机遇。在疫情之下，中国休闲产业将出现一系列趋势性变化，具体体现在以下十个方面：

一、休闲消费：暂停到反弹

中国经济的支撑点正从过去生产领域依赖成本优势的"人口红利"，逐步转变到消费领域促进增长的"收入红利"上；与此相伴随的是，中国经济也开始从以投资拉动经济为主的大投资时代进入以消费升级带动供需协调发展的大消费时代。伴随这一时代变革，休闲消费具有广阔的发展前景。新冠疫情的出现，给快速增长的休闲消费造成了巨大影响，但是伴随着中国疫情总体得到控制，休闲消费开始逐步恢复并出现反弹的迹象。

（一）全面停滞

2020 年年初，休闲消费平稳发展。针对前期武汉出现病毒性肺炎案例，2020 年 1 月 20 日，习近平总书记对新型冠状病毒感染的肺炎疫情作出重要指示，强调要把人民群众生命安全和身体健康放在第一位，坚决遏制疫情蔓延势头。1 月 27 日，国务院总理、中央应对新型冠状病毒感染肺炎疫情工作领导小组组长李克强来到武汉，考察指导疫情防控工作，看望慰问患者和奋战在一线的医护人员。2020 年 1 月 30 日晚，世界卫生组织（WHO）宣布，将新型冠状病毒疫情列为国际关注的突发公共卫生事件。截至 1 月 29 日，发现新型冠状病毒感染的肺炎疑似或确诊病例的省份全部启动重大突发公共卫生事件一级响应。这意味着从 2020 年 1 月下旬开始，针对新冠疫情防控的各项措施开始升级，休闲消费也因此进入全面停滞阶段。

其中，2020 年 1 月 24—31 日的春节黄金周，本来是休闲消费的集中释放期，但是受疫情影响，休闲消费大幅下滑。以旅游消费为例，据中国旅游研究院公布的数据，2019 年春节黄金周全国旅游接待总人数 4.15 亿人次，同比增长 7.6%；实现旅游收入 5139 亿元，同比增长 8.2%。而尽管因为疫情，没有

2020年春节黄金周旅游数据，但就算扣除务工人员探亲访友等费用，2020年春节黄金周旅游收入至少下降3000亿元以上。而据商务部的数据，2019年春节黄金周期间（除夕至正月初六，2月4日至10日），全国零售和餐饮企业实现销售额约10050亿元，比2018年春节黄金周增长8.5%，这其中大部分属于休闲消费的范畴。同样，这部分消费也因为受疫情影响而大幅萎缩。据此，大致估计，仅2020年春节黄金周期间，休闲消费就减收1万亿元左右。

另据国家统计局数据，2020年一季度，住宿和餐饮业、批发和零售业、交通运输仓储和邮政业增加值同比分别下降35.3%、17.8%、14.0%。可以说2020年一季度，休闲消费处于全面停滞状态。

（二）逐步恢复

经过一季度的“严防死守”，中国疫情蔓延的趋势得到有效控制。3月24日湖北省发布通告，3月25日零时起，武汉市以外地区解除离鄂通道管控，有序恢复对外交通。4月8日零时起，武汉市解除离汉离鄂通道管控措施，恢复对外交通。这表明中国新冠疫情防控取得重大胜利。此后虽然各地仍有疫情零星发生，但是二季度，休闲消费的恢复已经开启。

据国家统计局数据，2020年1—4月份，社会消费品零售总额为106758亿元，同比名义下降16.2%。而4月份，社会消费品零售总额28178亿元，同比下降7.5%，降幅比3月收窄8.3个百分点。而2020年“五一”黄金周（5月1—5日）的休闲消费恢复具有标志性意义。据商务部监测，5月1—5日，重点零售企业日均销售额比清明假期增长32.1%，呈现加速回升态势。其中，服务消费稳步回暖。住宿、餐饮等生活服务行业加快复商复市，市场销售进一步回升。据有关机构监测，“五一”期间，全国餐饮、住宿行业消费复苏指数比今年清明假期分别提升18和15个百分点；消费规模已恢复至去年同期的70%左右，比今年清明假期提升约20个百分点。而据中国旅游研究院公布的数据，5月1—5日，全国共计接待国内游客1.15亿人次，实现国内旅游收入475.6亿元；旅游人数和旅游收入状况均好于清明假期。据携程门票数据显示，5 月 1—5 日，通过携程预约景区门票的人数相比清明假期增长 268%，已有超过 4000 家景区可以在携程平台上预约门票。而与去年“五一”同期相比，门票预约人数已经恢复至 50% 左右。随着疫情形势不断好转，大体估计，2020 年二季度，中国休闲消费恢复到去年同期的 2/3 左右。

（三）反弹可期

从目前的形势看，虽然中国国内疫情已经得到控制，但是国外疫情仍在蔓延，可以预见，新冠疫情在短期内还不会消失，而且，如果新型冠状病毒疫苗不能发明出来，新冠疫情甚至可能会长期与人类共存。从中国经济发展看，反映经济复苏的重要指标全社会用电量尽管在 2020 年 1—7 月下降 0.7%；但到 4 月份已经实现同比增长 0.7%，5 月份用电量增长超过 5%，6 月份同比增长 6.1%，7 月份同比增长 2.3%。而随着我国常态化防控措施的贯彻，以及民众恐慌心理的缓解，休闲消费逐步开启反弹。据 2020 年 4 月 28 日，中国社会科学院旅游研究中心和腾讯文旅产业研究院发布的《新冠肺炎疫情下的旅游需求趋势调研报告》显示：未来一年，旅游闲暇时间预期增加指数为 99.1，即预期能用于旅游的闲暇时间，较 2019 年略有减少；家庭收入预期增长指数为 102.5，即预期收入略有增长，但增长幅度较 2019 年下降 26.4%；家庭消费预期增长指数为 137.5，即预期消费有所增长，但增长幅度较 2019 年下降 10.6%。同时近三成的调查者预期疫情结束后 3~6 个月恢复旅游活动，未来一年，预期人均旅游次数 5.1 次，比 2019 年上升 1 次。从相关调查数据来看，尽管疫情影响深远，但是支撑旅游消费在内的休闲消费的有利因素依然存在。

携程发布的《2020 暑期亲子游人气报告》显示，跨省游恢复后，7 月下半月以来，在跟团游、自由行产品的订单中，亲子游人数环比增长了 400%。今年暑期亲子游订单占总体旅游订单的 34%，仍为暑期最大出游人群，但是相比去年同期的 45% 下跌了 11%。往年占据暑期国内游半壁江山的亲子游，今年人数、占比下降，一方面因为疫情原因影响了出游意愿，同时部分地方的教育部门对师生、家长旅行出台限制性政策，也成为学生出行的一大障碍。

8 月 8 日，湖北开启“与爱同行惠游湖北”活动，全省近 400 家 A 级旅游景区对全国游客免门票开放。全国疫情低风险地区游客实名预约、测温、扫健康码后均可免门票进入，该活动将一直持续到今年年底。活动启动以来，利好效应进一步释放，省内外游客出游热情高涨，黄鹤楼、黄石国家矿山公园、宜昌三峡人家等景区游客接待量普遍增长。

从 2003 年“非典”疫情看，当年旅游收入同比下降 12.3%；但是 2004 年旅游收入则比 2003 年增长 40.1%。不仅实现了旅游消费回补，而且还出现了较大幅度的反弹。虽然新冠疫情的冲击大大超出“非典”疫情，但是考虑国外休闲消费的国内转移，以及休闲消费结构的调整，仍然可以对居民休闲消费的反弹持乐观态度。预计 2020 年下半年休闲消费将开始恢复式反弹，大体接近 2019 年同期水平；在 2021 年将开启回补式反弹和振兴式反弹，整体消费水平将超过 2019 年。

二、休闲时间：碎片到集中

自疫情暴发以来，由于对人流的各种限制措施，广大居民只能居家休息，尽管可以上网、看电视、打游戏，但实际是一种非常态的被动休闲。随着中国疫情防控取得阶段性的重大胜利，越来越多的地区降低了疫情风险等级，各级政府也通过增加居民休闲时间来激发居民的休闲活动，城乡居民为缓解长期封闭造成的身心压力，开始进入主动休闲的状态。在这样一个背景下，休闲时间的制度性安排推动碎片时间更加集中，这在一定程度上也有利于更多居民参与到主动休闲活动中。

（一）弹性作息

2015 年国务院办公厅出台《关于进一步促进旅游投资和消费的若干意见》（国办发〔2015〕62 号）明确提出，“鼓励弹性作息。有条件的地方和单位可根据实际情况，依法优化调整夏季作息安排，为职工周五下午与周末结合外出休闲度假创造有利条件”。当年全国部分地方实施了此项政策，但是影响不大。为缓解疫情的冲击，2020 年 3 月 19 日，江西省人民政府在全国率先出台《关于打好“组合拳”提振旅游消费的通知》，要求“推行周末弹性作息。各地各单位要结合实际，优化工作安排，今年二季度试行周末 2.5 天弹性作息，积极引导干部职工周末外出休闲度假。弹性作息减少的工作时间，通过延长其他工作日时长调剂补回”。此后，安徽、湖南、浙江、四川等地也纷纷发文推动 2.5 天弹性作息制度。弹性作息制定有助于推动中短途休闲度假，特别是有助于增加消费群体的停留时间，对提高休闲度假活动频次将产生积极影响。目前此项政策受益群体主要是机关事业单位，企业单位执行程度不一；另外，由于政府管理层级等方面的问题，地方政府的这一探索并未得到国家层面的肯定和支撑。尽管 2.5 天弹性作息制度遇到一些困难，但预计未来弹性作息还会有更多的探索空间。

（二）黄金周制度的优化

自 1999 年黄金周制度实施以来，我国黄金周制度不断完善。尽管目前对于是否恢复“五一”黄金周并没有明确的举措，但国家层面通过调整小长假和周末时间，争取形成更长“黄金周”的思路非常明晰。最为典型的是 2019 年的 5 月 1 日是星期三，年初国家发改委按照以往的节假日安排，没有将前后周末休息时间和 5 月 1 日连起来休假，但后来国务院从大局考虑，果断调整了之前的放假安排，确定 5 月 1 日到 4 日放假，形成了四天的“小黄金周”。今年受疫情影响，内需不振，按照以往的节假日安排，放三天即可，但国务院通过调整黄金周制度，形成 5 月 1 日到 5 日五天的“小黄金周”，在疫情之下有力拉动了消费的复苏。未来在节假日总量不能增加的情况下，通过元旦、清明、五一、端午、中秋节假日与前后周末时间的优化组合，将给休闲消费提供更多的时间。

（三）带薪休假制度的落实

2013 年国务院办公厅出台《国民旅游休闲纲要（2013—2020 年）》，提出

“到2020年，职工带薪年休假制度基本得到落实，城乡居民旅游休闲消费水平大幅增长，健康、文明、环保的旅游休闲理念成为全社会的共识，国民旅游休闲质量显著提高，与小康社会相适应的现代国民旅游休闲体系基本建成”。近十年来，各地也纷纷出台文件落实带薪休假制度，总体来看，在机关事业单位和国有企业，带薪休假制度基本得到落实，在中小民营企业，带薪休假制度落实程度还不太理想。尽管疫情之下，企业复工复产成为重要任务，但继续推动带薪休假的大方向并没有改变。为应对疫情，有效激活消费需求，2020年4月四川省委、省政府印发《关于进一步做好经济工作努力实现全年经济社会发展目标的意见》，提出鼓励带薪休假与“五一”劳动节、端午节等小长假连休。未来通过更为灵活的带薪休假时间安排，也将给休闲发展提供更多机遇。

（四）休闲时间的变化

一方面疫情发生将直接冲击就业机会，这也使得“保就业”成为各级政府经济工作的重中之重；另一方面，中央层面在统筹疫情防控和经济发展过程中，也在强调通过弹性就业、灵活就业等方式来提供就业岗位。可以预见的是，未来居家办公以及弹性工作方式在疫情之后将会进一步发展，这意味着民众的工作和生活方式将会出现更多的变化，实现工作和休闲的新融合，同时也会出现越来越多边工作挣钱和边休闲消费的人群。为适应这一变化，喜来登酒店甚至联手国外设计公司“24 Slides”为住店客人提供PPT制作服务，并承诺24小时内完成。未来如何应对工作和休闲融合的新趋势，也给休闲产业的发展提出了新的要求。与此同时，从长远来看，一方面随着技术的进步，劳动效率的提高，特别是人工智能的发展，社会总体工作时间将不断下降，在就业岗位数量不变的情况下，必然将减少个体的工作时间，从而为未来的四天工作制甚至三天工作制创造条件；另一方面，中国也会像日本等国家一样，有一些家庭成员会脱离工作，回归家庭，这同样也将增加社会总体休闲时间，为休闲产业发展提供更多的机会。

三、休闲政策：救助到恢复

新冠疫情发生以来，国家和地方纷纷出台政策，帮助休闲企业渡过难关。这些政策从最初的救助企业，逐步延伸到促进行业稳定发展，这为休闲产业的后续发展提供了支撑。

（一）国家层面的总体政策

新冠疫情发生以后，党中央、国务院迅速反应，出台一系列政策，尽最大可能减轻疫情对经济社会造成的冲击。1月26日，为加强新型冠状病毒感染的肺炎疫情防控工作，有效减少人员聚集，阻断疫情传播，更好保障人民群众生命安全和身体健康，国务院办公厅当机立断，发布《关于延长2020年春节假期的通知》，将2020年春节假期延长至2月2日（农历正月初九，星期日）。1月31日，人民银行等五个部门发布《关于进一步强化金融支持防控新型冠状病毒感染肺炎疫情的通知》，引导金融机构加大信贷投放支持实体经济，促进货币信贷合理增长。2月6日，财政部和税务总局发布《关于支持新型冠状病毒感染的肺炎疫情防控有关税收政策的公告》，明确“受疫情影响较大的困难行业企业2020年度发生的亏损，最长结转年限由5年延长至8年”。并将困难行业企业界定为“交通运输、餐饮、住宿、旅游（指旅行社及相关服务、游览景区管理两类）四大类，具体判断标准按照现行《国民经济行业分类》执行。困难行业企业2020年度主营业务收入须占收入总额（剔除不征税收入和投资收益）的50%以上”。此外，国家层面还出台了一系列涉及稳就业、租金减免、水电气费用减免等政策，这在一定程度上为防止休闲企业大范围倒闭起到了积极作用。

（二）休闲主管部门的相关政策

2020年2月5日，文化和旅游部出台政策，向旅行社暂退部分旅游服务质量保证金（以下简称保证金），暂退范围确定为全国所有已依法交纳保证金、领取旅行社业务经营许可证的旅行社，暂退标准为现有交纳数额的 80%。2 月 25 日，文化和旅游部公共服务司印发《公共图书馆、文化馆（站）恢复开放工作指南》。同日，文化和旅游部资源开发司印发《旅游景区恢复开放疫情防控措施指南》的通知。3 月，文化和旅游部与中国工商银行签署战略合作协议助力文旅企业纾困推动产业高质量发展，根据协议，工商银行将为文化和旅游行业提供 1000 亿元新增授信额度，同时对受疫情影响的文化和旅游企业坚决做到不抽贷、不断贷、不压贷，通过多种方式做好融资接续安排，保障企业资金需求；实施临时性延期还本付息，建立“绿色审批通道”，发放利率优惠的“抗疫贷”“用工贷”“税务贷”信用贷款，精准帮扶民营、中小微文化和旅游企业；借助优惠的费率、强大的资金实力和完善的发行渠道助力文化和旅游企业发行疫情防控债等债券，降低企业融资成本，拓宽企业融资渠道。4 月 13 日，为防止旅游景区人流密集造成疫情传播，文化和旅游部、国家卫生健康委发布《关于做好旅游景区疫情防控和安全有序开放工作的通知》。5 月，文化和旅游部市场管理司印发《剧院等演出场所恢复开放疫情防控措施指南》《互联网上网服务营业场所恢复开放疫情防控措施指南》《娱乐场所恢复开放疫情防控措施指南》，同时明确“在低风险地区，经当地党委政府同意，可以举办营业性演出活动，但暂缓举办中大型营业性演出活动。剧院等演出场所观众人数不得超过剧场座位数的 30%，要间隔就座，保持 1 米以上距离”。这些政策为文化娱乐业的恢复提供了指引。与此同时，文化和旅游部还调集整合数字文化资源，增设多项在线公共文化服务：推出“在线图书馆”“在线博物馆”“在线剧院”等专题，集中提供《国图公开课》《国家博物馆 360 虚拟参观》《全国博物馆网上展览平台》《故宫数字文物库》等一系列在线公共文化服务内容，以及《谷文昌》《永不消逝的电波》《重渡沟》等一批优秀舞台艺术精品。

为了满足疫情防控期间群众健身需求，国家体育总局办公厅 1 月 30 日下发了《关于大力推广居家科学健身方法的通知》，要求各地体育部门在当地党委、政府和疫病防控指挥部的统一领导下，积极倡导居家科学健身。

2 月 18 日商务部印发《关于应对新冠肺炎疫情做好稳外贸稳外资促消费

工作的通知》，提出引导零售企业与餐饮、住宿等生活服务企业通过共享员工等方式，缓解零售企业用工短缺困难。3月26日，商务部办公厅出台《关于推动步行街加快恢复正常营业秩序的通知》，推动步行街科学有序复工营业，扎实推进步行街改造提升，释放被疫情抑制冻结的消费需求。

7月14日，文化和旅游部办公厅发布《关于推进旅游企业扩大复工复业有关事项的通知》，恢复跨省（区、市）团队旅游。各省（区、市）文化和旅游行政部门在做好疫情防控工作的前提下，经当地省（区、市）党委、政府同意后，可恢复旅行社及在线旅游企业经营跨省（区、市）团队旅游及“机票+酒店”业务。跨省游恢复当天，各旅游平台产品搜索量暴增。在携程旅游平台，国内跟团游、自由行瞬时搜索量相比开放前暴涨500%，线下7000多家门店咨询量爆棚。驴妈妈平台跟团游、自由行等产品相关即时搜索量环比增长超过3倍。在马蜂窝平台，热门目的地如杭州、厦门、成都、西安、重庆的搜索量周环比涨幅都在200%以上。在飞猪平台，机票和度假产品的搜索量也不断攀升。

（三）地方典型政策

疫情发生以后，各地结合自己的实际，积极出台支持休闲企业的专项政策，也取得了较好成效。比如，3月2日，山西省政府印发《山西省关于推动文旅企业应对疫情及准备复苏的若干政策措施》提出稳定企业运营、降低运营成本、加大财政支持、强化金融扶持、加强宣传推广五方面内容，共11条措施。安徽文旅厅下达2020年旅游奖补资金1亿元，拨付2020年度旅游市场开拓培育资金1000多万元，全力支持企业恢复生产经营。山东省、市、县三级投入消费引导资金1.2亿元，加大文旅资源网上推介力度，提高好客山东品牌影响力。广东发布《广东省文化和旅游业复工复产工作指引》，对“公共文化场馆（站）”“旅游景区和度假区”“星级饭店、民宿”“文化娱乐、营业性演出场所、旅行社”“行业其他领域”的5类场所，分别作出复工复产的具体指引。海南省政府发布《海南省旅游业疫后重振计划——振兴旅游业三十条行动措施（2020—2021年）》，涵盖财税金融扶持、旅游项目打造、刺激旅游消费、促进产业融合、发展入境旅游、加大人才培养六个方面，并明确旅游项目用地基准地价可按商服用地基准地价的60%确定，允许临时旅游设施按规定使用临时用地，允许在非生态核心区适当建设旅游配套设施；同时海南还通过降低旅游企业运营成本为企业减负，如出租方为旅游企业免除租金，可以减免其2020年1—6月应缴纳的房产税和城镇土地使用税，数额不超过所减免的租金等。浙江举行"春和景明·绿水青山健康行"文旅消费季，发布"八百八千"文旅系列产品，包括"百县千碗"美食游、"百县千村"乡村游等；发布文旅精品系列线路共12类99条，包括乡村旅游、红色旅游、非遗旅游等多种类型；同时还通过"浙里好玩"平台，在全网发放浙江文旅"亿元大红包"。为促进疫后休闲消费复苏，不少地方还通过发放消费券的方式来刺激消费经济。比如，疫情中心的武汉市政府计划于4月19日至7月31日发放5亿元"武汉消费券"，同时也邀请电商企业参与投入18亿元，共计达到23亿元，主要针对餐饮、商场、超市和文体旅游四类投放。自4月以来，佛山、深圳、珠海、东莞、江门等广东多地，纷纷宣布向消费者派发消费券，总额累计将超过10亿元，成为中国内地发放消费券城市最多的省份之一。

四、休闲法律：健全到深化

休闲经济的持续健康发展，离不开法律法规的支撑。尽管有疫情存在，但相关法律法规的制定与实施依然在稳步推进。针对休闲产业发展过程中出现的新诉求和新变化，各级人大和政府部门出台了相关的新法律法规，调整了执法方式。这将对未来休闲产业的发展产生深远影响。

（一）法律制定

2020年5月28日，十三届全国人大三次会议正式表决通过《中华人民共和国民法典》，民法典共1260条，全文逾10万字，涉及产权制度、婚姻家庭等各个领域。作为“社会生活的百科全书”，民法典与民众息息相关，同样也会对国民休闲生活以及休闲市场主体发展产生深远影响。2019 年 6 月 28 日，《文化产业促进法（草案征求意见稿）》正式面向全社会公开征求意见，意味着文化产业立法迈出重要一步。根据征求意见稿，文化产业被界定为“以文化为核心内容而进行的创作、生产、传播、展示文化产品和提供文化服务的经营性活动，以及为实现上述经营性活动所需的文化辅助生产和中介服务、文化装备生产和文化消费终端生产等活动的集合”。草案征求意见稿围绕促进文化产业发展的关键环节和核心要素，确定在创作生产、文化企业、文化市场三个环节发力。可以预见的是，《文化产业促进法》的出台将对文化休闲产业发展产生积极影响。

（二）法规规章规范性文件制定

2019 年 11 月 6 日，文化和旅游部发布《游戏游艺设备管理办法》。管理办法明确了游戏游艺设备范围，同时明确要求了“游戏游艺设备生产企业和进口单位应当建立游戏游艺设备内容自审管理制度，配备专职内容审核人员，加强游戏游艺设备内容自审工作。除国家法定节假日外，娱乐场所以及其他经营场所设置的电子游戏设备（机）不得向未成年人提供”。这有利于引导公民开展健康的游戏休闲活动，同时也有助于游戏休闲行业健康发展。此外，文化旅游休闲领域值得关注的还有 2019 年 10 月 8 日文化和旅游部向社会就《在线旅游经营服务管理暂行规定》公开征求意见，暂行规定旨在促进在线旅游行业依法发展、依法规范市场秩序和保障旅游者合法权益；同时对近年来社会反映的热点和行业监管难点问题做出了明确回应；并特别强调要落实在线旅游平台主体责任。可以预见的是，正式出台的暂行规定将对线下旅游休闲的发展产生深远的影响。而在体育休闲领域，值得关注的是 2020 年 5 月 1 日正式实施的《体育赛事活动管理办法》，该办法体现了开放办体育、全社会办体育的思路，优化了体育赛事活动申办和审批流程，将促进各类体育赛事活动的开展，为休闲体育的快速发展提供更大空间。

各个地方也在积极推动与休闲相关的法规制定。这其中比较典型的是2020年4月1日正式施行的《河南省旅游条例》，这也是文化和旅游融合机构改革后，全国第一部旅游方面的地方法规。《条例》针对门票价格、带薪休假、非法组团等民生热点问题做了回答，对文化旅游、乡村旅游、民宿旅游等旅游新业态作了详细规范。可以预见的是，未来各地也将根据发展需要，特别是针对文化和旅游在融合过程中出现的新情况、新要求，积极推动旅游条例的修订，为文化旅游休闲持续健康发展提供更多的法律保障。

（三）执法改革

党的十八大明确提出，“推进依法行政，切实做到严格规范公正文明执法”，到2020年实现“法治政府基本建成”的目标。2013年党的十八届三中全会发布的《中共中央关于全面深化改革若干重大问题的决定》也明确要求，“整合执法主体，相对集中执法权，推进综合执法，着力解决权责交叉、多头执法问题，建立权责统一、权威高效的行政执法体制”。2018年3月，文化和旅游部成立，同时设立了文化市场综合执法监督局。按照中央精神，各级文化和旅游部门都在积极推动相关执法改革。这其中值得关注的是四川，2020年3月，四川撤销省文化市场执法监督局、省旅游执法总队、省出版物市场稽查总队，在四川省文化和旅游厅增设综合执法监督局，其主要职责是：拟定文化、文物、出版（版权）、广播电视、电影、旅游等文化市场领域综合执法工作标准和规范并监督实施；负责文化市场领域全省性、跨区域重大案件的督办查处和组织协调，承担省级执法事项以及“扫黄打非”有关行政执法工作任务；组织实施文化市场综合执法规范化建设；承担市县文化市场综合执法队伍业务指导工作，协调督办文化市场举报投诉。四川的执法改革举措，将对全国的文化旅游执法起到示范引领作用，可以预见的是，未来各地在文化旅游执法方面的改革将不断推进，这也将优化未来文化旅游休闲发展的法律环境。

五、休闲标准：制定到推广

休闲标准对引导休闲产业发展，提升休闲服务水平具有独特而重要的作用。近年来，国际、国家、行业、地方休闲标准大量出台，基本覆盖了休闲产业发展的新兴业态和主要领域，与此同时，通过政府、协会对相关休闲标准的推广实施，标准也开始被市场主体和消费者广泛认可。可以预见的是，休闲标准将成为未来推动休闲产业高质量发展的重要抓手。

（一）国际标准

目前，在休闲领域，由中国主导制定的国际标准不多。值得一提的是2019 年 11 月 28 日，国际电信联盟正式批准“数字化艺术品显示系统的应用场景、框架和元数据”标准（标准号 H.629.1），这也成为继手机（移动终端）动漫国际标准（标准号 T.621）后，我国自主原创、主导制定的又一数字文化产业标准成为国际标准。这不仅填补了数字艺术显示领域国际标准的空白，也为我国数字艺术展示产业进一步创新发展打下了坚实基础。

（二）国家标准

在推动国家休闲标准制定和推广方面，全国休闲标准化技术委员会（SAC/TC 498）最为突出。2009 年 11 月 10 日成立的全国休闲标准化技术委员会是经中国国家标准化管理委员会批准，在中国从事休闲领域标准化工作的技术组织，同时也是全世界第一个休闲标准化技术组织。截至 2019 年，全国休闲标准化技术委员会归口管理和组织制定休闲领域国家标准有 20 余项，涉及城市中央休闲区、休闲农庄、休闲露营地、实景演出、商贸休闲、花卉休闲、休闲绿道等领域。具体如下：

1. 城市公共休闲服务与管理基础术语 GB/T 28101—2011
2. 城市公共休闲服务与管理导则 GB/T 28102—2011
3. 城市中央休闲区服务质量规范 GB/T 28003—2011

4. 度假社区服务质量规范 GB/T 28927—2012

5. 休闲农庄服务质量规范 GB/T 28929—2012

6. 社区休闲服务质量导则 GB/T 28928—2012

7. 城市公共休闲空间分类与要求 GB/T 31171—2014

8. 城乡休闲服务一体化导则 GB/T 31172—2014

9. 国民休闲教育导引 GB/T 31173—2014

10. 国民休闲满意度调查与评价 GB/T 31174—2014

11. 休闲基础术语 GB/T 31175—2014

12. 休闲咨询服务规范 GB/T 31176—2014

13. 休闲露营地建设与服务规范第 1 部分：导则 GB/T 31710.1—2015

14. 休闲露营地建设与服务规范第 2 部分：自驾车露营地 GB/T 31710.2—2015

15. 休闲露营地建设与服务规范第 3 部分：帐篷露营地 GB/T 31710.3—2015

16. 休闲露营地建设与服务规范第 4 部分：青少年营地 GB/T 31710.4—2015

17. 实景演出服务规范第 1 部分：导则 GB/T 32941.1—2016

18. 实景演出服务规范第 2 部分：演出管理 GB/T 32941.2—2016

19. 实景演出服务规范第 3 部分：服务质量要求 GB/T 32941.3—2016

20. 休闲主体功能区服务质量规范 GB/T 34409—2017

21. 海洋牧场休闲服务规范 GB/T 35614—2017

22. 休闲绿道服务质量规范 GB/T 36737—2018

23. 商贸休闲区服务规范 GB/T 36740—2018

24. 花卉休闲区建设与服务规范 GB/T 36736—2018

与此同时，全国休闲标准化技术委员会还在北京奥林匹克公园、西安曲江新区、青岛市南区、南京夫子庙、宁波老外滩、泰州凤城河、镇江西津渡等城市休闲区，在遵义市、常熟市、郴州市、重庆合川区等城市，推动实施了一批休闲标准。2020 年，全国休闲标准化技术委员会又在四川省遂宁市开展全国休闲标准化示范项目创建的工作，以标准化的工作手段推动遂宁建设一线休闲度假城市。

在体育休闲领域，相关国家标准也在积极推动。2019 年公共体育设施安全使用规范、体育用品的分类、滑雪用具通用词汇等国家标准立项成功。除此之外，为推动冰雪运动，2019 年全国体育标准化技术委员会还提出了《滑雪场所的运行和管理规范》《滑雪场滑雪道安全防护规范》《滑雪场地安全网的安全要求和试验方法》《滑雪场地防护垫的安全要求和试验方法》等国家标准立项申报计划。

（三）行业标准

2019 年文化和旅游部发布《舞台灯光控制台通用技术条件》（WH/T 86—2019）、《中国古今地名数据描述规范》（WH/T 85—2019）。此外，关于旅游民宿行业标准的修订和实施也引起了旅游休闲行业的广泛关注。2019 年文化和旅游部发布《旅游民宿基本要求与评价》（LB/T 065—2019）（以下简称“新标准”），以代替《旅游民宿基本要求与评价》（LB/T 065—2017）。新标准将旅游民宿等级由金宿、银宿两个等级修改为三星级、四星级、五星级 3 个等级（由低到高）并明确了划分条件，同时加强了对卫生、安全、消防等方面的要求，健全退出机制，新标准已于 7 月 3 日起实施。

2020 年文化和旅游部还发布了一批文化和旅游行业标准，包括文化行业标准《演出安全 第 5 部分：舞台视频安全》《图书馆古籍虫霉防治指南》和旅游行业标准《旅游基础信息资源规范》《旅游信息资源交换系统设计规范》《温泉旅游水质卫生要求及管理规范》。

此外，文化和旅游部还对《民族民俗文化旅游示范区认定》《旅游厕所质量等级的划分与评定》《旅游度假区等级划分》《城市旅游服务中心规范》《温泉度假地质量等级划分》《红色旅游景区服务规范》《海滨度假地质量等级划分》《自驾游线路质量等级划分》《滑雪度假地质量等级划分》《文化休闲街区质量等级划分》《人工沙滩景区安全规范》《旅游院校校外实践教学基地建设质量评价研究》等标准进行了立项评审，并对《旅游规划设计单位等级划分与评定》《旅游民宿基本要求与评价》《自驾游目的地等级划分》《自驾车旅居车营地质量等级划分》等标准进行了审查。

（四）地方标准

为推动休闲领域的持续发展，地方层面也加快了相关标准制定和推广的步伐。比如，2020 年，山西省市场监督管理局日前批准发布《研学旅行服务规范》地方标准；为推动黄河、长城、太行文化旅游发展，山西还发布了《黄河人家、长城人家、太行人家基本要求与评价》地方标准。为推动自驾旅游行业标准化建设，湖南省积极推动《自驾游活动组织服务规范》《自驾游领队服务规范》地方标准制定。山东高度重视体育休闲产业发展，2020 年集中发布六项体育地方标准，分别是:《体育场地分类与代码》（DB37/T 3910—2020）、《标牌体育赛事活动评定规范》（DB37/T 3911—2020）、《笼式足球场验收规范》（DB37/T 3912—2020）、《拼装式游泳池验收规范》（DB37/T 3913—2020）、《移动式全民健身馆配置要求》（DB37/T 3914—2020）和《滑雪模拟机通用技术条件》（DB37/T 3915—2020）。2019 年贵州将创建国家体育旅游示范区纳入省政府重点工作任务，除了发布指导文件之外，还启动了《贵州省体育特色小镇建设标准》《贵州省全国景区体育旅游示范基地建设标准》《贵州省全国城镇体育旅游示范基地建设标准》等地方标准的起草和申请立项工作。

为推动地方休闲相关标准的制定，国家相关部委还通过奖励表彰的方式鼓励地方强化标准化工作。2020 年 1 月，全国旅游标准化技术委员会对优秀地方旅游标准进行了奖励，其中，江苏省《全域旅游信息资源采集规范》和海南省《海鲜餐饮的星级划分与评定》获一等奖；上海市《邮轮旅游服务规范第 1 部分：旅行社》、湖南省《旅行社诚信经营要求与评价》、福建省《智慧饭店等级划分与评定》、内蒙古自治区《牧区旅游接待户星级评定》获二等奖；安徽省《旅行社服务质量诚信等级评定与划分》，重庆市《生态养生旅游景区》，贵州省《贵州省乡村旅游村寨建设与服务标准》，浙江省《采摘体验基地旅游服务规范》，江西省《旅游强县评定规范》，北京市、天津市、河北省《京津冀旅游直通车服务规范》，山西省《乡村旅游示范村等级划分和评价》，湖北省《湖北省旅游名镇评定规范》，河南省《景区内部旅游客运交通管理规范》，山东省《购物旅游业示范村评定》获三等奖。

六、休闲产业：冲击到振兴

休闲产业包括休闲基础产业、休闲延伸产业与休闲支撑产业。休闲基础产业是休闲产业的主体，包括旅游业、体育休闲业、文化休闲业（游戏产业、娱乐产业、品尝产业、观赏产业、阅读产业、养趣产业）；休闲延伸产业包括休闲农业、休闲商业（商业游憩区、步行街、特色消费店等）、休闲房地产业；休闲支撑产业包括休闲工业（休闲服装、休闲设备、休闲用品）、休闲信息业、休闲中介业。对于休闲产业，此次新冠疫情首先冲击的是休闲基础产业，特别是涉及人与人直接接触的休闲产业，其次是伴随着休闲需求的下降，休闲延伸产业和休闲支撑产业后续也会受到很大冲击。而伴随着疫情得到缓解之后，休闲消费将会逐步复苏，休闲产业也将会实现快速振兴。

（一）休闲基础产业

新冠肺炎疫情发生以来，2 月 19 日，习近平总书记主持召开中共中央政治局常委会会议，明确指出住宿餐饮、文体娱乐、交通运输、旅游是受疫情影响严重的行业，这些领域多数都属于休闲基础产业的范畴。2018 年，中国旅游及相关产业占 GDP 的比重达到 4.51%；文化及相关产业占 GDP 的比重达到 4.48%；体育产业增加值占 GDP 的比重达到 1.1%，这也意味着旅游、文化、体育三大休闲基础产业占国民经济的比重已经超过 10%。疫情之下，这三大休闲基础产业的大幅下挫无疑也对国民经济造成了很大影响。

大体而言，在休闲产业中，旅游景区、旅行社、旅游饭店等主要依赖外地游客的产业受损最为严重，恢复和振兴也需要更长的时间。随着散客旅游的逐步恢复，旅游业开始复苏，特别是旅行社经营跨省游的开放，标志着旅游业在恢复的同时将开始振兴。与此同时，一些线上旅游直播带货活动，在拓展疫后旅游消费的同时，实际上也为未来旅游产业的营销提供了新的路径。

一些立足当地居民休闲消费，但主要是室内密闭性消费的领域受损也相当严重，比如，疫情之下，电影院、游戏厅、健身房等几乎全部停止营业，全国上万家影城 6 万多块屏幕暂停营业超过百天。截至 2020 年 5 月下旬，电影院线票房损失接近人民币 300 亿元，院线近 50% 的年度业绩在疫情下消失。5 月上旬，国务院发文明确按照相关技术指南，在落实防控措施前提下，影剧院、游艺厅等密闭式娱乐休闲场所可采取预约、限流等方式开放，这些娱乐休闲场所开始恢复营业。8 月上旬文化和旅游部发文推动剧院等演出场所开放，但同时也要求观众人数不得超过剧院座位数的 50%，同时也要预约。未来预计只有预约、限流等措施真正取消之后，这些产业才可能迎来快速反弹期。

尽管在疫情之下，多数休闲基础产业都受损严重，但另一部分不依赖于人与人之间接触的领域却实现了较快发展，甚至爆发式增长。比如过去与互联网关联不太强的体育培训产业，在疫情期间却实现了新的发展。疫情期间，很多健身行业从业者用新的方式和平台跟自己的客户建立新的连接；同时疫情促进了线上教学和合作的启用，让更多参与者通过线上教学得到专业的指导，从而实现了线上的价值。而这无疑有利于未来扩大体育休闲培训产业的市场。疫情之下，逆势增长最为突出的是网络游戏产业。2020 年 4 月，伽马数据发布了《疫情防控期游戏产业调查报告》。数据显示，2020 年一季度移动游戏市场收入达到近 550 亿元，创历史新高，同比增长率超过 49%，环比也出现较大幅度增长。App Annie 数据显示，2020 年一季度手游下载量出现持续增长。与 2019 年第四季度相比，2020 年 3 月的周均游戏下载量增长了 30%，超过了 10 亿次。在中国、韩国等特定市场，疫情暴发期间，手游的周均下载量同比去年也有了 35% ～ 80% 的增长。而经典的《王者荣耀》游戏，除夕当天的流水就达到 20 亿元左右，较 2019 年同期的 13 亿元同比增长 53.8%。预计随着疫情缓解之后，休闲活动的选择增加，休闲游戏产业的增速将会下降，但是其在疫情期间培育的用户，也有助于其长期增长。

（二）休闲延伸产业

疫情之下，作为主要给休闲消费提供空间的休闲延伸产业也遭受了重创。休闲农业几乎全面停滞。休闲商业随着疫情形势的好转也在快速恢复。2019年1月5日，商务部印发《关于开展步行街改造提升试点工作的通知》，决定在北京市王府井等11条步行街开展步行街改造提升试点工作，培育一批具有国际国内领先水平的步行街，满足人民群众日益增长的美好生活需要。首批试点的11条步行街既有综合型，也有特色型，均位于城市核心位置，涵盖了4个直辖市和7个区域中心城市，区位优越、资源丰富、知名度高、影响力大。据商务部预计，改造提升后的11条步行街年客流量将超过10亿人次，总营业额将超过1000亿元。疫情发生以来，商务部继续加大了对步行街改造的推进力度。2020年4月29日，商务部召开全国步行街改造提升工作推进会，要求在疫情防控常态化条件下，加快推动步行街改造提升，并把2020年作为步行街改造提升的“深化年”，强调突出“示范带动、政策支撑、平台推动”三个方面，推进“确认一批示范步行街、新增一批试点步行街、推动一批省级步行街、出台一个政策文件、搭建一个工作平台”五项重点任务，构建步行街持续健康发展长效机制。而据商务部流通业发展司的数据，商务部确定的10条改造提升试点步行街（因武汉江汉路封街改造，未统计在内）店铺开业率达98.5%，较2月底提高24.7个百分点；客流量和营业额分别恢复到去年同期的76.9%、83.7%。未来可以预见的是，以步行街为代表的休闲商业将在今年下半年企稳反弹，成为带动休闲消费的重要力量。

受国家“房住不炒”调控政策的影响，以第二居所为主要目的的传统休闲房地产业发展受到很大冲击，疫情的发生，使得休闲房地产行业的发展面临更大压力。以恒大为代表的一批房地产企业通过打折促销的方式加快资金回笼。考虑未来经济下行风险增加，作为非刚需的休闲房地产业发展不容乐观。但与此同时，疫情的发生使得人民对健康的关注大为增强，这也给一些以康养为主题的休闲地产提供了机遇。未来休闲房地产业将进一步分化，注重环境、注重配套、注重服务的休闲地产仍将有发展机遇。

（三）休闲支撑产业

休闲支撑产业作为休闲产业的有机组成部分，同样会因基础产业和延伸产业的冲击而受到二次冲击。这其中，休闲工业一方面受到休闲需求萎缩的影响，另一方面也会因为休闲商业这一流通渠道的受阻抑制其发展。但预计随着休闲服务消费的逐步恢复，休闲工业后续还有较大的发展空间。特别是未来中国休闲消费升级将进一步增加对中高端休闲服装、休闲装备、休闲用品的需求，这无疑将为休闲工业后续发展提供强劲动力。总体来看，休闲中介业和休闲信息业的恢复将面临更多困难，不少休闲中介和信息企业也因为受疫情的影响进行了裁员或者降薪，但与此同时，一些基于大数据、人工智能等“新基建”的休闲中介业和休闲信息业却有可能在疫情之后迎来新的发展。

七、休闲空间：密集到延展

疫情的出现改变了居民的消费习惯，同时也促进了休闲空间从密集到延展的转变，这直接推动了城市休闲、乡村度假空间的形成与强化，同时进一步形成了全域休闲的发展格局。

（一）城市休闲

受疫情影响，在城市室内休闲娱乐场所受限制的情况之下，以城市公园为代表的市民休闲空间保障了市民游憩、健身、交际等基本需求，成为支撑城市休闲的重要载体。尽管上海土地空间非常有限，但是 2019 年依然新增 52 座城市公园，使得上海城市公园数量达到 352 座。更为典型的是成都市，2018 年成都市在全国范围内首次提出“公园城市”概念，并发布《成都市美丽宜居公园城市规划》，经过两年时间，成都已经建立起公园城市支撑体系，同时成都还率先创新公园城市价值转化，创新生态资源市场化运营模式，将镶嵌在城市内部各地的绿道、小游园等转化为适宜的消费场景；探索构建近期投入产出平衡、远期生态机制持续放大的长效机制；建立面向全球持续发布1000个新场景、1000个新产品的“双千”机会场景发布机制；加快培育山水生态、天府绿道等6大公园场景，打造120余个场景品牌，380余个网红打卡点。可以预见的是，围绕城市公园的城市休闲活动不仅将更好地满足市民和游客日益增长的休闲需求，同时也将成为城市经济新的增长点。

在疫情之下，文化型、生态型、商业型、复合型的城市中央休闲区既是受疫情影响较重的区域，同时也将成为未来快速反弹的区域。“五一”之后，西安曲江新区、上海新天地、南京夫子庙、宁波老外滩等城市中央休闲区人流逐步开始上升，正在成为带动城市休闲复兴的重要地标。

此外，城市休闲中特别值得关注的还有地摊经济。为应对疫情对就业造成的冲击，成都市在科学监管的基础上，鼓励发展地摊经济。截至5月28日，成都市设置临时占道摊点、摊区2230个，允许临时越门经营点位17147个，允许流动商贩经营点20130个，增加就业人数10万人以上，中心城区餐饮店铺复工率超过98%。此后，李克强总理积极倡导地摊经济，全国各地也纷纷跟进发展地摊经济。在当前“保就业”“保民生”的大局下地摊经济不仅有助于提供更多的就业岗位，同时也有助于提高城市休闲活力，为城市生活增加更多“烟火气”。

（二）乡村度假

长期以来，环城市乡村度假一直是城市居民日常休闲的重要形态，疫情的暴发，为城市周边乡村度假提供了新的发展机遇。由于跨省游以及海外度假受到抑制，乡村度假成为满足城市中高收入群体度假的替代产品。2020年“五一”期间，多数景区和酒店虽然都已经开业，但是经营效益不太理想，但一些主要针对乡村度假的民宿消费却大幅反弹。据途家“五一”民宿出游数据显示，今年“五一”期间的民宿订单量已经恢复到去年同期的65%，环比4月同期订单量增长200%。途家乡村民宿订单与城市民宿订单占比为48%和

52%，相较去年两者 42% 和 58% 的占比来看，乡村度假民宿订单显然更受欢迎，疫情影响下也保持了 6% 的增长。“五一”期间，北京延庆开业的精品民宿提前半月就被预订一空。在疫情重灾区湖北的武当山，虽然景区开放受限，但是景区附近的民宿“灵山居”却天天爆满，营业额甚至超过去年同期。广东清远英德市铁溪文化小镇、徐家庄生态旅游度假村、太和古洞等拥有特色民宿的乡村旅游点也广受欢迎，5 月 1 日至 4 日民宿房间全部订满。随着疫情的缓解，未来城市周边 2 小时车程以内，2 天 1 晚的乡村度假业态将会面临新的发展机遇，特别是城市近郊集文化商业、主题游娱、酒店度假、商业演艺等为一体的微度假商业综合体，以田园观光、农业休闲、文化体验项目为依托，以乡野度假为核心的田园度假复合产品，以及拥有观光、购物、娱乐、度假等复合功能的特色旅游小镇等微度假产品将进一步发展。

（三）全域拓展

与观光旅游的聚集不同，休闲本身就有全域拓展的要求。在微观层面，为避免人员密集，在许多休闲点，特别是室内的休闲点，都采取了限流措施，比如，2020 年 4 月，文化和旅游部、卫健委就要求“旅游景区接待游客量不得超过核定最大承载量的 30%”。可以预见的是，未来只要疫情传播的风险还存在，这种限流措施还将持续实施，这就意味着，在单个的休闲区，相对低密度的休闲将成为一种常态，与此同时，随着这种休闲习惯的养成，休闲企业的产品供给也将开始调整。在中观层面，以景点观光游为主导的大众旅游时代将因为疫情的出现发生改变，一方面单靠观光景区已经无法满足疫情之下大众的休闲需求，多元化的休闲空间拓展成为必然；另一方面，为缓解疫情带来的身心压力，居民也更愿意选择那些空间开敞的地方进行放松，这也使得更多的休闲空间进入居民的消费领域。在宏观层面，经济发达的东部地区往往也是人流较大的地区，同样也是疫情风险相对更大的区域，但是东部地区经济基础较好，这也为休闲产业的恢复提供了有利条件；而一些经济欠发达的中西部地区，往往也是疫情风险相对较小的区域。因此，伴随着信息传播扁平化以及交通条件便利化，一些东部地区小众休闲空间和中西部地区特色的旅游点也更容易进入大众的视野，从而成为休闲度假的新选择，这也有助于休闲产业发展的空间均衡。

八、休闲业态：简单到丰富

伴随着经济社会的发展，休闲业态从单一到多元，从简单到丰富是一个普遍的趋势。疫情的出现，让传统的休闲产业“赛道”变得拥挤，这就促使休闲企业在开辟新休闲领域的同时，也在不断做深做大已有的休闲领域，这也有助于未来更好满足不同人群多元化的休闲需求。这里简单分析几类典型的休闲业态：

（一）自驾车旅游

由于自由、安全、私密的优势，自驾车旅游成为疫情之下恢复最快的旅游休闲方式。据统计，“五一”小长假自驾游占 60% 以上。据携程在租车订单大数据基础上发布的《五一租车自驾游复兴报告》，自由便捷、车型丰富的在线租车成为国内旅游者今年最重要的出游选择之一，租车成为疫情后携程首个恢复情况超越去年同期的业务，相比去年同期增长约 10%。尤其是跑车等高端车订单量，相比去年五一期间订单量又增加一倍。从租车自驾游的消费方式和习惯看，租车时间相应拉长，以 2~3 天、4~5 天居多，6 天及以上的比例同样快速提升。根据订单和取车数据，“五一”全国租车自驾游十大人气城市分别为三亚、上海、成都、北京、西安、海口、重庆、深圳、昆明、广州。海南、江浙沪、四川、北京、陕西、重庆、广东、云南成为最热门的区域，海滨度假胜地三亚人气排名第一。从订单量看，五一租车热销车型排行榜前九名依次是：经济型、SUV、商务车、舒适型、豪华型、跑车、巴士、房车、皮卡。从订单同比增幅看，跑车、豪华型、房车、SUV、舒适型订单增幅比较大，其中跑车以 110% 的增幅排名第一，“五一”假期租跑车旅游的消费者平均花费超过 2000 元。

与自驾车旅游相伴随的是，房车旅游和营地旅游的进一步勃兴。比如“五一”期间，中国旅游集团就专门开发了针对北京市民的两日游、三日游房车京郊游产品，取得了良好的市场反响。目前，中国房车保有量超过 10 万台，已建成营地超过 1200 个。一方面与欧美发达国家相比，中国房车数量和营地数量仍然存在着很大差距；另一方面制约房车营地旅游发展的道路通行、车辆租赁、土地供给、产品体系等问题还没有得到有效解决，这使得房车营地旅游的成本还较高、便利性也不足，配套也不够完善。但疫情的暴发使市场对房车营地产生了新的关注，这有助于促进房车营地供给体系在未来的完善，从而实现房车营地的快速健康发展。

（二）精品度假

在消费升级的大背景下，城市中产阶层的度假需求也在不断升级。尽管低收入人群受疫情影响会大幅减少度假需求，但是对中高收入人群而言，不仅不会减少度假需求，反而会不断提高度假的档次。根据携程提供的数据，“五一”游客出行，多选大面积，坐拥山景、湖景、海景、私家沙滩的高星级酒店。其中从房型选择上，相比往年，套房、别墅类房型销量略有上升，亲子房仍是“五一”游客刚需；从酒店星级上来看，消费者已预订的酒店中，四星、五星间夜占比达 55%，高星级酒店明显更受欢迎；在携程的酒店预售中，五星级酒店的间夜占比达到了 50%，选择 1000 元以上酒店产品的订单比例也在全部订单中占比最高。比如，2018 年，由浙江开元旅业推出的适合中国游客短期度假和家庭亲子游需求的全天候一站式旅游综合体项目“森泊度假乐园”，围绕“大自然”“中央设施”“度假木屋”和“游乐活动”四大核心元素，在为游客提供私密的丛林木屋居住体验的同时，更提供了丰富多彩的室内、室外水上游乐，儿童乐园，亲子互动，户外探险活动。此项目一经推出就受到长三角区域中高收入人群的追捧。值得关注的是，在疫情总体控制住之后，国内精品度假成为出境旅游消费的替代，一些瞄准中高收入群体的精品度假项目迎来井喷式发展。海南海棠湾的均价数千元的高端度假酒店在暑期爆满，而且消费者停留时间大都在 1 周左右。中国国内的地中海俱乐部（Club med）房价在疫情之后甚至比疫情之前增长 30%。

（三）旅游演艺

旅游演艺作为文化和旅游融合的休闲业态，近年来一直呈现稳步增长的趋势。据道略文旅产业研究院数据显示：近 5 年来，中国旅游演艺票房收入持续上涨，由 2014 年的 27.03 亿元增加至 2018 年的 58.96 亿元，年均增幅超过 20%。2020 年新冠疫情对旅游景区造成巨大冲击的同时，也让主要依靠外来游客市场的旅游演艺经营遭受重创。尽管如此，市场对旅游演艺未来的走势依然看好。以旅游演艺的龙头企业宋城为例，2019 年 12 月 31 日股价 16.88 元，受疫情冲击，2020 年 2 月 3 日股价最低 13.66 元，尽管宋城集团旗下的多个旅游演艺项目仍然没有开业，但是 2020 年 8 月 27 日股价达到 17.92 元，已经超过 2019 年年底的股价。但值得关注的是，尽管旅游演艺市场还有增长空间，但旅游演艺项目开始出现分化，市场集中度正在提高；与此同时，旅游演艺的二次创新也初见端倪，预计未来无论是观演方式，还是表演形态都会出现新的变化，而旅游演艺呈现的空间也可能从景区拓展到全域，一些小体量、低投资、精致化的旅游演艺有望获得新的发展机会。

（四）户外运动

户外运动作为体育与旅游融合的重要形态，在休闲产业发展中占据重要位置。在欧美发达国家，以户外运动为主体的体育休闲是休闲产业发展的主力军，中国户外运动的发展刚刚起步，但是也表现出巨大的增长潜力。由于疫情的原因，2020 年上半年各种赛事几乎全部取消，对户外运动发展造成了很大影响。但与此同时，作为一种相对低密度、高参与的健康休闲方式，户外运动与疫情之下的休闲产业发展方向又高度契合。目前，在国家体育总局的指导下，海南、贵州等地正在大力发展以户外运动为主体的体育旅游产业。2019

年10月，贵州省政府办公厅出台了《关于贵州省创建全国体育旅游示范区的意见》；2020年4月，海南省政府发布《海南省国家体育旅游示范区发展规划（2020—2025）》。此外，随着越来越多的地方和相关企业加入户外运动产业中来，体育休闲将迎来更多的发展机遇。

九、休闲技术：突破到扩散

技术进步在提高休闲产业运行效率的同时，也在丰富城乡居民的休闲体验。疫情的出现，使得休闲领域的技术应用大大加快，可以预见的是，未来技术对休闲产业发展的影响也将不断深化。这其中比较典型的技术应用包括：机器人技术、直播技术、智慧旅游技术、5G技术和云休闲技术。

（一）机器人技术

为降低人力成本，机器人技术正在加速进入休闲行业。在疫情之下，“无接触服务”成为焦点，这给机器人技术的应用带来了新的发展契机。以华住集团办理自助入住设备的“华掌柜”为例，疫情暴发以来一个月的时间里，机器人累计服务超过15000名客人，累计送物24000余次。酒店在防疫期间人员不足的情况下，将送物、送客需等工作交给“智慧化”设备去做，避免人与人的接触；酒店科技服务商则将设备产品升级改造，技术赋能酒店抗疫能力。为适应疫情下酒店智能服务的需要，智能服务机器人公司——云迹科技，在原有产品基础上增加了9种新功能：消毒、巡视、清洁、引领、情感安抚等；携住科技则紧急启动针对性产品研发工作，陆续推出智能通行自助机、智能人脸识别测温仪等防疫产品；鹿马智能科技运用大数据和云平台向全国酒店集团和单体酒店无偿提供了一套公益系统，用一套云系统实现客人无接触自动登记信息。目前，机器人技术在酒店领域运用较为广泛，随着技术的提升和需求的增加，未来机器人技术将成为旅游景区、旅游度假区、休闲社区、休闲餐饮、休闲农庄等的“标配”。

（二）直播技术

直播带货是2019年互联网领域的热点，但在旅游休闲领域并不普遍。疫情的暴发，基于旅游产品和旅游目的地营销的压力与需要，直播技术在旅游休闲领域被广泛运用。比如，携程集团董事局主席梁建章频频与旅游目的地政府和旅游企业一起开展了多场旅游直播带货的行动；与此同时，驴妈妈集团也同浙江舟山等城市共同开展旅游直播带货；马蜂窝也开始加大直播技术的投入，将直播带货作为其未来发展的重点。尽管相对于商品带货，旅游休闲直播带货的销售额还偏低，此外，旅游休闲领域也还没有出现像薇娅、李佳琦等这样如此厉害的网红主播，但旅游休闲领域作为一种更为深度的体验经济，对直播有种天然的需求。当然，未来旅游休闲直播还需要走出有别于商品直播带货的模式，构建成新的休闲消费场景。

（三）智慧旅游及5G技术

经过十年的发展，智慧旅游在中国得到了广泛推广。疫情之下，文化和旅游部大力推进景区门票预约制度，这促使不少景区加大智慧旅游方面的投入，这也给一些互联网企业进入景区提供了机遇。比如，美团推出“安心游”项目，加大与相关景区的合作，其“安心玩”景区超3300家，并覆盖55%的5A级景区。除了景区之外，智慧旅游在旅游目的地方面也进行了全面深化运用，这其中最具代表性的就是腾讯文旅。2018年，云南省政府和腾讯集团合作推出了“一部手机游云南”的项目。经过两年多的发展，整合物联网、云计算、大数据、人工智能、人脸识别、小程序、微信支付等多项技术的“一部手机游云南”项目逐渐完善，并受到业界广泛关注。在疫情期间，“一部手机游云南”又为云南的应急管理提供了有效的智能化支撑，并成为疫情防控关注中的一大亮点。比如，2月2日，一名滞留在文山的旅客通过在“一部手机游云南”平台上发出求助信息，文山市文化和旅游局及时联系到该游客，在了解游客需求之后，为其送去了生活物资。此外，这一平台还对云南省旅游信息的发布、政府决策和行业监管水平的提高起到了积极作用。在这一示范项目的带动下，越来越多的地方政府正在加大智慧旅游方面的投入，这无疑将对未来旅游目的地智慧化水平的提高产生积极影响。

此外，2019 年起，5G 商用技术正式推出；2020 年，5G 网络在全国各地迅速铺开。特别是在疫情之下，新基建计划的推出，无疑将会进一步加快 5G 技术推广的速度，拓宽 5G 技术运用的领域。在这一过程中，尽管 5G 技术还没有大规模地在包括旅游在内的休闲领域开始运用，但可以预见的是，由此带来的技术变革也将极大地改变休闲产业的发展格局。

（四）云休闲技术

受疫情的影响，线下云休闲技术得到广泛应用。一方面云休闲给消费者提供了一部分休闲内容，比如，一些演唱会和演艺节目转移到线上，尽管效果打折扣，但是这种方式在一定程度上也可以满足民众部分需求；而以“囧妈”为代表的电影线上发行模式既开创了新的渠道，同时也对线下院线经营模式造成了冲击。另一方面云休闲也给消费者休闲提供了一些便利，比如餐饮加速从食堂转向外卖，在解决民众餐饮需求的同时，一定程度上也促进了社会分工。尽管云休闲技术因疫情原因快速发展，但值得注意的是，绝大多数休闲产业都是需要通过线下的体验得以实现。比如，休闲旅游虽然可以借助云休闲技术在线上参观旅游景区，饱览大好河山，但是这种感受完全不同于线下实际的旅游休闲活动所带来的体验；而体育休闲虽然可以通过云休闲实现家中健身，但是更多的户外运动休闲还是必须到线下才能完成。但在疫情之下及未来，休闲活动线上线下的促进和互动将会不断得以深化，而这也将进一步改变休闲产业发展的模式。

十、休闲企业：困局到突破

2020 年可以说是休闲企业自改革开放以来面临冲击最大的一年，但同样也是孕育休闲企业未来发展新机遇的一年。“新陈代谢”的过程虽然残酷，但是客观上也为休闲企业未来的发展积蓄了力量。

（一）经营重压

2019 年，受中国经济下行压力的影响，休闲企业面临较大经营压力，2020 年年初的新冠疫情再次把不少休闲企业推向了深渊。在旅游领域，中国最大的 OTA 携程集团在 2020 年第一季度净营业收入为 47 亿元，同比下降 42%，营业亏损为 12 亿元。知名休闲旅游供应商途牛公司股价一度低于 1 美元，面临在纳斯达克退市的风险。除此之外，大量旅游景区、旅游饭店、旅行社经营收入大幅减少，甚至有些旅游企业已经关门倒闭，狼牙山景区因经营方资金链断裂而陷入了重组的旋涡之中；河南洛阳市栾川县的 4A 级景区养子沟景区申请破产；而之前一度在新三板上市并且获得阿里投资的百程旅行也宣告倒闭。在文化领域，影视公司受损最为严重，以知名的影视上市公司华谊兄弟为例，一季度实现营业总收入 2.3 亿元，同比下降 61.4%，降幅较去年同期扩大；亏损1.4亿元，亏损幅度持续增加，其股价也因此不断走低。在餐饮领域，知名的西贝、海底捞也都出现经营业绩的大幅下滑。可以说，2020 年上半年成为很多休闲企业的“至暗时刻”。

（二）积极自救

尽管面临巨大的经营压力，但是不少休闲企业也通过降成本、融资金、拓市场等方式积极开展自救，为未来的恢复与振兴积蓄力量。一些休闲企业通过高管无薪或者底薪、员工降薪、待岗甚至裁员等方式降低人员开支。比如，董事局主席梁建章和携程 CEO 孙洁零薪，公司高管层也提出自愿降薪，最低半薪，直至行业恢复。除此之外，在政府的支持帮助下，一些休闲企业也积极争取银行贷款展期或者新增贷款以渡过难关。3 月 6 日，湖北省文化旅游投资集团有限公司 2020 年第一期中期票据（疫情防控债）成功簿记发行，发行规模 9 亿元，期限 5 年（3+2），利率 3.6%，创下了近三年湖北省属企业及湖北省内同级别企业发行中期票据最低利率，也是全国旅游企业发行规模最大的疫情防控债务融资工具。另外，伴随着疫情防控的稳步推进，一些休闲企业也尝试通过更加灵活的营销手段，保本回血、回笼资金、稳定市场。比如，为应对疫情冲击，在大年初六，知名休闲度假企业红树林集团就重启“馅饼侠计划”，“馅饼侠计划”相当于用正常时期的半价预售产品，通过成本价优惠销售去为红树林获取一定的收入。目前，“馅饼侠计划”包括“度假馅饼侠”“康养馅饼侠”及“亲子馅饼侠”三款产品，有效期一年。除产品特定时间不能使用外，其他时间均可使用。其中，最便宜的“度假馅饼侠”是以成本价售卖红树林酒店客房，最低定价 299 元 / 间夜，10 天起售，可在三亚三座红树林交换使用。

疫情期间，许多休闲企业在自救的同时，也在积极履行社会责任，为国家疫情防控做出重要贡献。1 月 30 日，华侨城集团通过国务院国资委专用账户向湖北疫情防控一线捐款 3000 万元。中国旅游集团通过境外领队协助运输回国医疗物资已超 50 万件。东呈集团调用武汉及周边地区 10000 间公益客房，免费提供给一线医护人员休息使用。

（三）变革突破

疫情之下，健康安全受到更多关注，这就要求休闲企业需要采取有效的措施来消除消费者的顾虑。比如，携程集团联合平台合作伙伴推出“五一”安心消费计划，并发布 6000 多条“安心游”标签产品和“安心游联盟”服务标准，携手产业链合作伙伴，从提升安全服务标准入手，激活旅游消费。其他休闲企业也通过常态化消毒、防止人员聚集等方式来增加消费者的安全感。虽然这是因疫情引发的应对举措，但是这也在很大程度上有利于提高休闲企业的安全生产意识，有助于未来给消费者带来更多的安全保障。疫情之下，大量休闲企业资产缩水，资金紧张，这也给休闲企业的并购重组和新的投资提供了机会。今年 3 月以来，已经有 5 家餐饮旅游上市公司发布并购重组计划，其中 3 家公司为购买资产，2 家为出售资产；4 月初，湖北某旅游企业发布公告称，拟出售旗下一家旅游公司全部股权。2020 年 2 月，主攻乡村文旅建设投资运营的乡伴文旅集团宣布完成B轮融资，引入挚信资本2亿元人民币等值美金投资，估值达到10亿元人民币。受疫情影响，休闲领域的盲目投资，粗放经营的模式将逐步改变，一些更注重长远效益、有市场增长支持的投资将不断增加。虽然疫情抑制了短期休闲消费，但是休闲企业中长期发展的机会依然看好。英国诗人雪莱在《西风颂》中写道："冬天来了，春天还会远吗？"对休闲企业而言，在新冠疫情带来的危机中活下来的同时，坚持创新与突破，未来就必然会迎来一个新的春天！

2020国内休闲度假复兴指数

携程研究院执行秘书长、携程集团入境游总经理　孙博文

各位领导、各位来宾：

大家下午好！

非常感谢大会提供这样一个平台，让我们大家聚在一起，共同探讨未来中国休闲度假发展的无限可能性。今天在这里我代表携程研究院来发布《2020国内休闲度假复兴指数》报告，下面我将从以下5个方面来进行阐述：

一、V形的复兴指数

从携程1—8月度假产品出行人数的统计情况可以看到，今年旅游业呈现“V”形复兴的趋势，从1月底以后疫情后的低谷，到3月份的启动，暑期的复苏，国庆的爆发，旅游市场随着疫情的控制加速恢复。这里有几个关键节点：第一，3月15日，上海开始市内旅游恢复；第二，5月1日5天假刺激需求，大市场恢复同期50%；第三，7月14日文旅部恢复跨省团队旅游；第四，8月份暑期刺激需求。

从各个旅游业态复兴指数可以看到，目前国内酒店、机票订单已经恢复到80%，国内景区门票和租车的预订量已经恢复到100%。

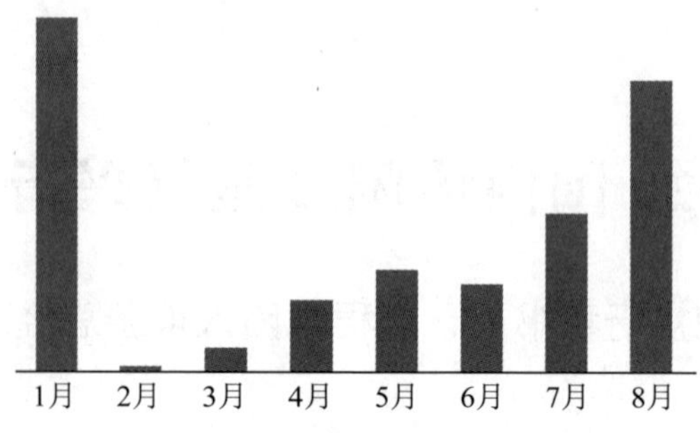

2020 年 1—8 月出行情况（度假产品）

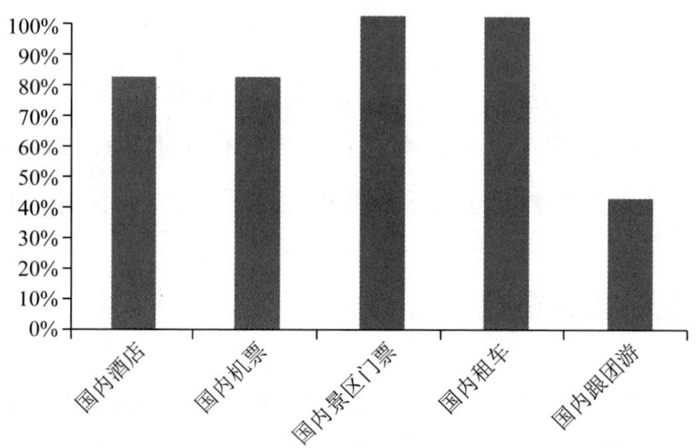

各个旅游业态复兴指数

二、高质量复兴与 6 大机遇

中高端休闲度假产品恢复更快，引领旅游市场的恢复和增长。

高星级酒店成为恢复龙头。携程预售为亚太地区千余家高星级酒店带货超百万间，预售产品均价 1200 元以上。

小型化、高品质的“私家团”成为跟团市场的黑马。每 5 个携程自营跟团游客，就有 1 个选择私家团，人均单价超过 4000 元。2000 家旅行社开发了 4 万条私家团产品在携程平台上线。

租车自驾游在疫情后加速普及。据统计，携程租车订单量超过去年，暑期突破单日40000车日的新纪录，2000多家租车公司加入平台。

景区门票“预约”成为新常态。由于景区最大承载量限制，已经让网络预订成为景区门票销售的主要渠道。目前携程门票业务超去年同期，恢复预订景区超10000家。

主题旅游向大众化迈进。现在的游客需求发生了转变，游客特定兴趣和主题的旅游需求越发强烈。从携程的大数据统计我们可以看到，携程主题游出行游客9月已经恢复达125%，房车订单量暑期同比增加了50%以上，环比超过了300%。

高端定制游异军突起。9月17日携程“2020环游中国”私人飞机旅游团首发，单价高达到26.8万元，产品已经上线就被游客抢购一空。据统计，目前国内游客高端定制需求同比去年增长125%，相关国内产品人均单价达到了6000元以上。从携程7月定制需求单环比增长情况我们可以看到，个人定制需求增长156%，公司定制需求增长80%，高端定制需求增长103%。

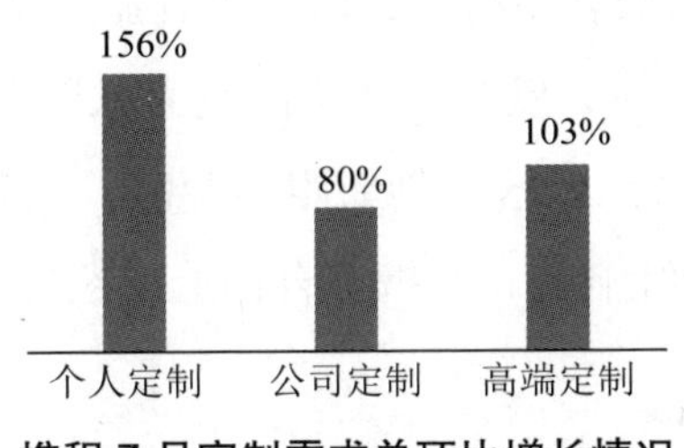

携程7月定制需求单环比增长情况

三、复兴加速器：措施与创新

去年携程成功推出“BOSS直播”，截至2020年年底，进行了118场，2亿消费者在直播间预约旅行，带动携程预售总GMV超40亿。

直播之外，携程集团董事局主席梁建章先生先后会见全国30余个省、市政府的主要领导，数十项政企合作项目由此达成，数以亿计的旅游补贴通过携程渠道发挥出 10 倍的杠杆作用。

5 月，携程联合全球目的地政府、商家，启动“旅游复兴 V 计划”，与超过 15 个国内地方政府战略合作、发放旅游优惠券；并且通过全域营销、全线产品售卖、大数据、智慧旅游解决方案 、节事活动 IP 打造等，全方位推动目的地旅游复苏。

旅游平台的大型营销补贴活动，成为复兴加速器。携程在疫情防控常态化下启动多个创新营销项目，创下了多项行业销售纪录。每月 11 日的“旅游会员日”大促，实现了单日跟团游交易额 8000 万元的销售高峰；联合大牌景区推出的“超级品牌日”，实现销售额同比增长 400% 到 1200%，单个景区单日 GMV 破千万。联合租车公司打造“周三会员日”，暑期单日订单突破 40000 车日。

携程推出智慧景区解决方案为行业赋能。疫情下的限流、预约普及了在线订票、分时预约，有超过 10000 家景区通过携程实现预约服务，同时携程智慧景区云平台的落地，也为目的地智慧化的发展提供了强有力的支持。

7 月，全国 120 多家知名旅行社，联合携程旅游平台共同发布《跨省安心跟团游自律公约与倡议书》，发起“新跟团复兴联盟”，倡议国内旅行社和在线旅游企业，一起落实防控要求、创新跟团产品、提升服务标准和保障水平。全国有超过 4000 家旅行社响应，与携程合作上线超过 10 万条安心游标签线路和新跟团产品。

四、游客人群恢复情况

从客户群年龄数据我们可以看出：疫情防控常态化后游客年龄画像出现了变化，“90 后”“60 后”“50 后”游客数量再增加，而“00 后”、学生群体出游出现了减少，这与教育机构对学生出游的限制有一定关系。

游客年龄画像

	2020 年	2019 年
“00 后”	18%	27%
“50 后”	12%	8%
“60 后”	15%	10%
“70 后”	15%	18%
“80 后”	21%	24%
“90 后”	19%	13%

从客户群伴游情况看，游伴占比发生了变化，亲子游比例降幅最大，而朋友、情侣出游有大幅提升。

游伴占比画像

	2020 年	2019 年
带爸妈出游	7%	4%
独自一人	6%	11%
亲子	39%	56%
情侣	19%	11%
同事朋友	29%	18%

五、出发地、目的地人气变化

依据携程自由行、跟团游产品数据，我们统计了目前休闲度假目的地排名，从排名来看像丽江、三亚、重庆等安全、舒适的度假目的地，在疫情防控常态化下受到了游客的追捧。

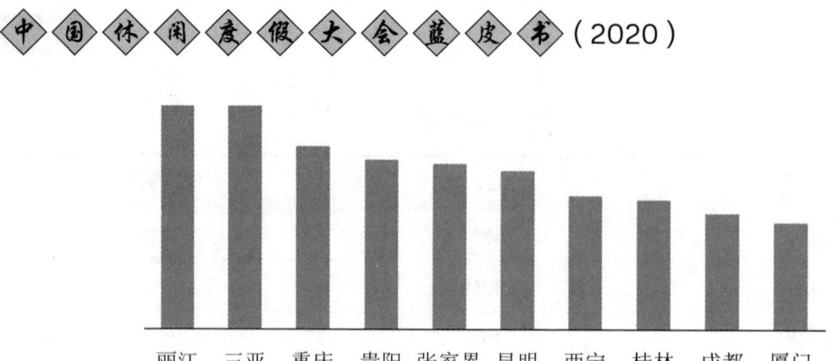

十大休闲度假目的地排名

我们看到一些疫情前被认为是小众、冷门的目的地，在旅游复苏后也进入了游客的视野，比如湘潭、九寨沟同比增长均超过了700%。

十大休闲度假黑马目的地

排名	目的地	同比增长
1	湘潭	749%
2	九寨沟	747%
3	澄江	581%
4	松潘	578%
5	六盘水	286%
6	霍山	115%
7	韶关	101%
8	绵阳	98%
9	英山	94%
10	汉中	78%

从客源地与目的地指数看，华东、华南、西部以及北京是旅游复苏后最大的客源地，而人气目的地主要集中在西部，云南、四川、浙江排在休闲度假目的地省市排行榜的前三。

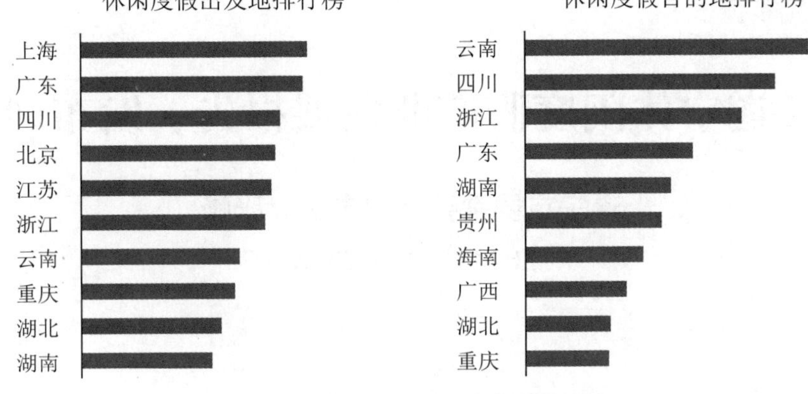

休闲度假出发地和目的地省市排行榜

为了进一步加速旅游市场复兴，我们向全行业提出以下建议：

（1）政府多宣传旅游，通过引导，提升消费信心；

（2）做大跨省消费，地方政府出台跨省组团激励政策和专门补贴；

（3）政府与旅游平台合作精准发放旅游消费券，定向用于旅游企业、旅行社或群体；

（4）推动政府部门、企事业单位、工会等，发放旅游补贴、采购产品、奖励旅行，带头旅游消费；

（5）协调教育部门，鼓励推动大、中、小学生旅行而不是限制；

（6）加大监管力度，不能让不合理低价影响市场秩序；

（7）积极推动国庆和秋游，这是下半年旅游市场复兴的最佳机会；

（8）推动出境游、入境游有序开放。

《遂宁休闲度假产业发展报告》发布词

遂宁市委常委、副市长　张峰

（2020 年 9 月 23 日）

各位领导、各位嘉宾：

近年来，遂宁持续坚持建设知名特色康养和休闲度假旅游目的地，先后荣获中国最美养生休闲旅游城市、全国十佳生态休闲旅游城市、最佳休闲旅游目的地等荣誉称号。休闲度假作为人们对美好生活的新需求，逐渐成为大众旅游的新模式，旅游业真正迎来休闲度假新时代。面对新机遇，展望新未来，遂宁休闲度假产业蓄势待发，正式开启“休闲度假一线城市”建设新征程。

一、发展现状

（一）凸显交通区位，畅通休闲大道

遂宁，地处中国第四增长极腹地，成渝地区双城经济圈发展轴心，巴蜀文化旅游走廊中心。以遂宁为中心 90 分钟交通圈内，覆盖成都和重庆两大国家中心城市、20 余个地级市、110 个县（区）、1.2 亿人口。已建成“一环八射”359 公里的高速公路大通道和“三向七线”243 公里的铁路大动脉，延伸至京津冀、环渤海经济区，连通长三角、珠三角粤港澳大湾区。即将打通涪江与嘉陵江、长江的水运航线，同步建设安居机场、遂宁至成都天府国际机场快速通道，逐步开通遂宁至国内重要城市的空中航线。

（二）厚植生态本底，筑牢休闲根基

遂宁，素有中国西部水都美誉，涪江纵贯全境、穿城而过，城中观音湖水域面积 14.8 平方公里，大小生态湿地 108 个、146 平方公里。森林覆盖率 34.7%，城市绿化覆盖率 40.1%，人均公园绿地面积 14.3 平方米。2019 年，空气质量优良天数 341 天，优良天数率 93.4%，PM2.5 平均浓度 31.2 微克 / 立方米。整体空气质量在全国 168 个重点城市中排名第 13 位，改善幅度排名第 12 位。

（三）彰显文化底蕴，激活休闲基因

遂宁，作为地名始于东晋大将桓温平蜀后，寓意“平息战乱，达到安宁”，距今已有 1600 多年历史，是巴蜀文明交汇中心，素有“东川巨邑”“川中重镇”“文贤之邦”美誉，孕育了陈子昂、王灼、张鹏翮等英才俊杰。1991 年出土的南宋窖藏宋瓷堪称中华瑰宝，四川宋瓷博物馆是国内唯一专题类宋瓷博物馆，馆藏国家一级文物 31 件。观音民俗文化影响深远，拥有中国观音文化之乡、中国诗酒之乡、中国书法之乡、中国曲艺之乡等文化名片。

（四）丰富产品供给，繁荣休闲市场

遂宁，人们休闲生活日夜不“闲”，处处可“闲”。建成休闲绿道、休闲农庄、商贸休闲区等 10 个国家休闲标准化示范项目，30 余个休闲观光景区、温泉疗养区、旅游度假区，200 余家精品度假酒店，19 家电影院线，102 家综合书店，477 家歌舞娱乐休闲场所，157 个艺术表演团队，100 余家休闲食品类、200 余家文创产品类、2700 余家特色餐饮类企业，休闲消费支出年均增长率 30% 以上。

（五）夯实产业基础，做强休闲支撑

遂宁，持续围绕休闲度假产业，做强服务业发展引擎，构建以休闲度假产业为核心的“4+6”现代服务业产业体系。“十三五”以来，全市实现服务业增加值 1212.7 亿元，年均增长 10% 以上，服务业占 GDP 的比重由 2015 年的 28.4% 增长到 2019 年的 40.5%。2019 年我市服务业增加值实现 545.2 亿元，同比增长 9.8%，增速居全省第一位，为休闲度假产业发展提供强有力支撑。

（六）优化社会环境，提供休闲保障

遂宁，大力建设慈善之都，连续多年获评国家七星级慈善城市。不断健全自治、法治、德治“三治融合”的基层治理机制，荣获全国社会治安综合治理工作最高奖项“长安杯”。深入开展市场整治和文明旅游行动，积极提高消费环境安全度、经营者诚信度、消费者满意度和消费体验舒心度。遂宁先后被评为全国文明城市、国家卫生城市，成为全省放心舒心消费城市创建试点市。

二、前景展望

休闲度假是人类文明发展到一定阶段的高层次需求，是生产力水平和社会效率提高之后，社会必要劳动时间缩短，劳动从“必要”到“自愿”的飞跃，这种高层次的需求必须要有完善的体系作为支撑。遂宁，已建立起天人合一的自然生态体系，赏心悦目的社会人文体系，自得其乐的价值实现体系，让人们在休闲度假中释放压力、恢复体力、滋养心力、提高智力、激发创造力。休闲度假已成为遂宁的一种状态，一种境界，一种智慧，一种生活方式。遂宁，将以此次休闲大会召开为契机，发挥大会带动效应，强化大会成果运用，掀起休闲度假产业发展新高潮，通过未来 3~5 年的不断努力，将遂宁建设成为休闲度假产业体系完善、产品丰富多样、基础配套齐备、环境和谐优美、服务优质高效的“休闲度假一线城市”。

三、发展思路

（一）总体定位

建设具有滨水特色的“休闲度假一线城市”。

（二）总体思路

构建“一核三区一环”空间布局，打造中心城区滨水度假极核区、大英时尚浪漫度假区、射洪探秘寻宗度假区、蓬溪书乡绿韵度假区，建设173公里乡村休闲旅游大环线。将标准化、精品化、集群化、品牌化、特色化、同场化“六化”理念贯穿到休闲度假产业发展中，以形象美、空间美、服务美、产业美、生活美“五美”目标为重点，以热情服务走心、优美风景美心、休闲生活养心的“三心”体验为方向，形成从内到外，从精神气质到生活空间，从服务要素到产业发展的生态、文态、形态、业态。

（三）总体举措

一是持续丰富休闲度假产品。大力实施“八个一批”工程，即建设一批主题性滨水休闲度假区，发展一批特色住宿体验产品，推出一批地方特色美食，建成一批乡村休闲度假产品，提升一批休闲特色街区，打造一批文化旅游微地标，开发一批文化演艺、水上竞技、网游电竞等娱乐产品，培育一批休闲度假装备生产销售基地。二是持续完善休闲度假配套。加快推进成达万高铁、涪江复航工程建设，扩容成南、遂渝高速，建设巴蜀文旅走廊游客集散中心。积极推进城市休闲驿站、休闲绿道、休闲营地等休闲度假设施建设，开通休闲度假旅游专线。加强5G技术运用，构筑智慧旅游平台，实现线上线下无缝链接。整合城市公园、体育场馆、文化场馆、街头绿地等资源，打造主客共享的全域休闲公共空间。三是持续优化休闲度假环境。持续强化市场监管，完善诚信体系建设，确保市场安全稳定。深化文明城市建设，提升市民文明素养。努力提升行业接待能力和服务水平，不断提高游客满意度。四是持续提升城市休闲度假知名度。确立“巴蜀福地·养心遂宁”的滨水休闲度假品牌，大力推进“政府主导、企业主体、媒体跟进”营销模式，唱响“巴蜀山水间·休闲遂宁行”“安逸走四川·养心到遂宁”的形象口号，持续提升遂宁休闲度假知名度。

各位嘉宾：巴蜀山水间，心灵度假地。如今的遂宁，度假之城，山水齐唱，诗酒共吟。如今的遂宁，大美之城，熠熠生辉，焕然一新。如今的遂宁，心灵之城，天遂人愿，福寿康宁。

遂宁，以休闲的名义，向您发出度假的邀请。休闲遂宁，欢迎您的光临。

蓝皮书

宣言篇 02

2020中国休闲度假大会·遂宁宣言

人类社会进入21世纪第二个十年，经济社会的深刻变革为休闲度假发展开辟了新的空间；同时，休闲度假产业的持续发展也为重塑经济社会格局创造了新的机遇。面对突如其来的新冠疫情，站在特殊的历史节点，为把握休闲度假发展新趋势，探索休闲度假发展新路径，汇聚休闲度假发展新力量，我们，来自中国各地休闲度假领域的管理者、投资者、运营者、研究者于2020年9月23日齐聚新兴休闲度假城市中国四川遂宁市，以“休闲：美好生活新选择”为主题，就新冠疫情之下，当前及未来休闲度假产业发展的一系列重要问题进行了广泛而深入的交流。

我们认为：新冠疫情将对世界发展模式产生深远影响，也将对传统旅游发展方式产生巨大冲击。休闲度假作为高频次、低密度的消费模式，将成为疫情之下旅游业发展的“基本盘”和“引领者”，同时成为各级政府稳就业、保民生、扩消费、促增长的重要力量。

我们认为：新冠疫情尽管会对城乡居民短期的消费形成一定程度的抑制，但是人民群众追求美好生活的愿望依然强烈。作为美好生活“新刚需”的休闲度假并不会因疫情冲击衰退，反而会在疫情之下释放更大的发展潜力，获得更多的发展空间。

我们认为：人类正在从以工业化主导、生产性聚集为主推动城市发展，进入以服务业引领，消费性聚集为主促进城市发展的新阶段。在新冠疫情对城市传统发展方式提出了新挑战的同时，休闲度假正在成为新型城镇化的新选择、新动力、新方向和新要求。

我们认为：新冠疫情进一步暴露了中国旅游业发展中存在的不平衡不充分的矛盾。未来在推动中国旅游业供给侧结构性改革过程中，休闲度假产业将扮演更为重要的角色，不断满足民众高品质、多元化休闲度假消费需求，将成为社会各界的共同任务。

本着促进新冠疫情之下中国休闲度假产业健康发展的良好意愿，持续推动休闲成为人民群众美好生活的新选择，为中国经济社会发展做出更大贡献，我们特发出如下宣言：

——增强休闲发展自信。相信休闲是满足人类生活需求和符合世界发展潮流的重要方式。进一步增强全社会的休闲意识，进一步提振休闲产业发展信心，努力将疫情带来的冲击变成休闲度假发展的新起点和新机遇。

——扩大休闲消费市场。加强休闲消费宣传，组织休闲消费惠民活动，营造良好的休闲消费氛围，维护休闲消费市场秩序，不断提高休闲消费在旅游消费和全社会消费中的比重，推动休闲成为疫情之下新的经济增长点。

——优化休闲度假产品。适应消费升级和大众化休闲消费时代的变化，针对不同消费群体，大力培育不同层次、不同形态的特色休闲度假产品。疫情之下，加快建设一批本地、周边和短途的城市休闲产品和乡村度假产品。

——提高休闲度假服务。推动休闲度假服务标准化建设，加强休闲标准的制定、推广和实施，提升休闲服务的整体水平；推动休闲度假服务个性化、特色化发展，培育一批休闲度假服务品牌。提高休闲度假服务的科技化水平，促进各类新技术在休闲领域的广泛运用。

——壮大休闲市场主体。促进各类休闲市场主体的全面发展，推动各类休闲市场主体的融合发展、跨界发展，鼓励休闲度假企业的公平竞争，激发休闲度假企业的创新活力，让更多有竞争力的中国休闲企业脱颖而出，走向世界。

——建设休闲度假城市。推动更多城市将休闲功能作为城市建设基本功能，将满足市民休闲需求作为城市发展的重要职责，以发展休闲度假产业为重要切入点，加快城市更新和产业转型。推动更多城市转变发展思路，创新发展路径，建设一线休闲度假城市。

人人生而休闲，却无往不在束缚之中。在新冠疫情的特殊时期，我们更应该秉持“敢为天下闲”的精神，开拓进取，共同开启中国和世界休闲度假发展的新时代！

项目策划：段向民
责任编辑：孙妍峰
责任印制：孙颖慧
封面设计：武爱听

图书在版编目（CIP）数据

中国休闲度假大会蓝皮书．2020 / 中国旅游协会休闲度假分会主编．-- 北京 ： 中国旅游出版社， 2021.9

（中国旅游蓝皮书系列）

ISBN 978-7-5032-6753-6

Ⅰ．①中… Ⅱ．①中… Ⅲ．①旅游业发展－研究报告－中国－2020 Ⅳ．①F592.3

中国版本图书馆 CIP 数据核字（2021）第 157532 号

书　　名：中国休闲度假大会蓝皮书（2020）

作　　者：中国旅游协会休闲度假分会　主编
出版发行：中国旅游出版社
（北京静安东里6号　邮编：100028）
http://www.cttp.net.cn　E-mail:cttp@mct.gov.cn
营销中心电话：010-57377108，010-57377109
读者服务部电话：010-57377151
排　　版：北京旅教文化传播有限公司
经　　销：全国各地新华书店
印　　刷：北京明恒达印务有限公司
版　　次：2021年9月第1版　2021年9月第1次印刷
开　　本：720毫米×970　毫米　1/16
印　　张：9
字　　数：135千
定　　价：59.80元
ISBN　978-7-5032-6753-6